Якутские сказки

야쿠트인 이야기

<지식을만드는지식 소설선집>은
인류의 유산으로 남을 만한 작품만을 선정합니다.
오랜 시간 그 작품을 연구한 전문가가
정확한 번역, 전문적인 해설, 풍부한 작가 소개, 친절한 주석을
제공하는 고급 소설 선집입니다.

지식을만드는지식 소설선집

시베리아 설화집

Якутские сказки

야쿠트인 이야기

작자 미상

김은희 옮김

대한민국, 서울, 지식을만드는지식, 2017

편집자 일러두기

- 이 책은 ≪시베리아와 극동 민족 구비문학 기념비(Памятники фольклора народов Сибири и Дальнего Востока: Т. 27)≫(Сибирская издательсткая фирма 'Наука' РАН, 2008)와 ≪야쿠트 구비문학(Якутский фольклор)≫(Советский писатель, 1936)을 원전으로 삼아 옮긴이가 가려 뽑아 번역했습니다.
- 주석은 모두 옮긴이가 단 것입니다.
- 외래어 표기는 현행 한글어문규정의 외래어표기법을 따랐습니다.

차 례

야쿠트인 이야기

곰과 여우

옛날에 곰과 여우는 매우 친한 친구였다. 생활에서도 일에서도 사냥에서도 힘을 합쳐 모든 일을 했다. 겨울이 되자 곰은 잠을 자려고 했지만 여우는 잠을 자지 않았다. 그래서 곰이 여우에게 말했다.

"겨울에 아무 데도 다니지 마. 발자국이 발견되면 발자국을 따라와서 우리를 죽일 거야. 그러니 나랑 같이 자자."

"그래, 아무 데도 안 갈 테니까 나를 믿어. 내 친구인 너를 설마 버리겠어?"

여우가 말했다.

곰은 잠이 들었다. 여우는 자지 않고 집 안 여기저기 돌아다니고 장난을 치고 소란을 피워 댔지만 곰한테 한 굳은 약속은 어기지 않았다. 그런데 밖으로 너무 나가고 싶었다. 문을 열어젖히고 밖에서 온종일 장난치며 돌아다니다가 깊은 밤에서야 집에 돌아왔다. 여우는 매일 그렇게 놀러 다녔다.

그러던 어느 날 여우가 너무나 소란을 피워서 곰은 잠이 깨 버렸다. 여우가 집에 돌아오자 곰이 심하게 매질했고 여우는 등가죽이 벗겨질 정도였다. 그때부터 여우는 놀러 다니지 않고 한자리에 누워 있었다. 겨우 숨을 쉬면서 불쌍한 여우는 겨울을 참고 견뎌 냈다.

봄이 오자 곰은 굴에서 나왔다.

"자, 이제 놀러 나가. 놀아도 돼! 놀고 즐길 때가 이제 왔어."

곰이 말했다.

이제 그들은 둘이서 다녔다. 곰은 도요새를 무척 무서워해서 도요새에 겁을 먹었는데 그것을 보고 여우는 우스워서 허리가 끊어지도록 웃어 댔다. 그럴 때마다 곰은 화가 폭발해서 죽도록 여우를 때렸다. 여우는 곰과 더 이상 함께 다닐 수가 없었다. 인내심이 한계에 달한 것이었다. 곰으로부터 벗어날 방도를 찾아 생각하고 또 생각했다.

그러다가 어느 날 여우는 곰에게 말했다.

"곰아, 내 친구야, 너는 무엇이 무섭니?"

"나는 '니아아스'라고 소리치면서 둔덕에서 날아오는 도요새가 제일 무서워. 그 동물 외에는 아무것도 무섭지 않아!"

곰이 말했다.

"그렇구나. 나는 째진 눈에 두 발로 걸어 다니는 짐승이 제일 무서워."

여우가 말했다.

"오 – 오! 별 짐승을 다 무서워하는구나. 째진 눈 짐승이라면 내 친척인데. 처음에 나도 째진 눈의 짐승이었는데 그다음에 곰이 된 거거든."[1)]

곰이 말했다.

그러자 여우는 곰을 비웃어 대기 시작했다.

"정말 너는 째진 눈의 짐승과 닮았구나. 쿵쿵 걸어 다니고 성미도 급하고. 그래서 나를 죽일 수도 있잖아."

여우가 말했다.

"내 말을 안 들으면 정말로 죽여 버릴 테다. 조심하라고."

곰이 말했다.

"그래! 역시 곰이군! 너는 째진 눈의 짐승을 무서워하지 않는군. 우선 째진 눈의 짐승이 네 친척이니까 힘이 세건 교활하건 어떤 째진 눈의 짐승이라도 이길 수가 있는 것이구나. 그런데 나는 째진 눈의 짐승이 무서워. 그러니 네가 째진 눈의 짐승을 사냥해. 나는 네가 무서워하는 '니아아스'라고 소리치는 놈을 사냥할게. 우리 중 누가 더 많이 잡나 보

---

1) 야쿠트 민족의 신화학에 따르면 곰은 여자의 토템이다. 야쿠트족의 전설에 따르면 옛날에 한 여자가 사람들한테서 떠나서 살게 되었는데 온몸에 털이 나기 시작하더니 곰이 되었다고 한다. 그래서 곰은 여자를 해치지 않는다고 한다.

자.”

여우가 말했다.

“맞는 말이네, 여우야. ‘니아아스’라고 소리치는 놈을 많이 잡으면 나한테는 위험이 줄어드는 거지. 그리고 내가 째진 눈의 짐승을 잡으면 너한테도 나한테도 위험이 줄어드는 거구. 하지만 너야 ‘니아아스’라고 소리치는 놈을 잡기가 쉽겠지! 나는 잡고 싶어도 쉽지가 않잖아.”

곰이 말했다.

어쨌든 아흐레가 지난 후에 그 장소에서 만나기로 약속을 했다. 그리고 다른 방향으로 사냥하러 흩어졌다.

곰은 째진 눈의 짐승을 잡고 싶었지만 그날 바로 째진 눈의 짐승의 포획물이 되어 버렸다. 하지만 여우는 ‘니아아스’라고 소리치는 짐승을 말 그대로 수백 마리를 잡았다.

아흐레가 지나서 여우는 곰과 만나기로 약속한 장소에 도착했지만 곰은 없었다. 기다리고 또 기다렸지만 여우의 곰은 나타나지 않았다. 그러자 여우는 곰의 발자국을 따라가기 시작했다. 째진 눈의 짐승이 곰을 죽였다는 사실을 알고 여우는 곰의 뼈에 오줌을 누었다.[2] 그런데 이것을 지나

---

2) 전승에 따르면 곰의 뼈에 오줌을 누는 것은 곰에게 극심한 모욕을 주는 것이다.

가던 곰 한 마리가 보았다. 그래서 곰은 여우를 싫어하게 되었다. 그때부터 곰과 여우의 우정은 끝이 났다고 전해진다.

오리와 검독수리

남쪽 나라에 새들이 모여서 커다란 집회를 열었다.

"우리나라 땅은 여름에 너무 뜨겁고 무덥고 가물어서 우리가 낳은 알이 모두 썩어서 죽어 버립니다! 대장을 선발해서 북쪽 나라 땅을 찾으라고 보냅시다!"

새들이 말했다.

무리가 모여서 검독수리를 선택했다.

"당신은 가물고 물이 없는 땅에 내려갈 수도 있고, 네발짐승과 새들도 먹이로 삼을 수 있는 존재입니다. 당신은 크기로나 현명함으로나 우리 모두를 압도합니다. 그러니 당신이 떠나시오!"

새들이 말했다.

검독수리는 암컷 짝과 새끼들과 오랫동안 작별을 하고 날아올라서 거대한 그림자를 던졌다.

대장 검독수리가 떠난 후에 아름다운 깃털을 가진 상오리라는 이름의 아주 작은 오리가 검독수리 암컷 짝의 주위를 맴돌기 시작했다. 암컷 검독수리는 이것을 눈치채고 여러 가지 일을 위임했다. 오리는 심부름도 재빠르게 했고 일도 민첩하게 해냈다. 그러자 암컷 검독수리는 오리를 친구로 삼았는데 갑자기 사랑에 빠지게 되었고 그렇게 연인 관계가 되었다. 오리는 행복했다. 암컷 검독수리의 남편으로 평생 살게 된 것이었다!

정확히 1년이 지나 대장 검독수리가 거대한 그림자를 던지면서 날아 돌아왔다. 검독수리가 날아오자 모든 날짐승들이 모여들어서 말했다.

"우리의 고결한 대장께서 무슨 소식을 가져오셨습니까? 어떤 땅에 다녀오셨습니까? 어서 빨리 듣고 싶군요!"

새들이 말했다.

"자, 우리의 대장, 어떤 나라 땅에 갔다가 돌아오셨습니까?"

검독수리가 말했다.

"에이, 괜히 다녀왔구나. 나무에 앉는 새들에게는 단 한 그루의 나무도 앉을 데가 없었다. 그런 나라였다. 물 위를 헤엄치는 새들에게는 헤엄칠 단 하나의 골짜기, 단 하나의 호수도 없었다. 그런 나라였다! 짙은 안개와 회오리바람으로 둘러싸인 땅이었다!"

그러는 사이에 암컷 검독수리가 푸르르 날아온 오리에게 말했다.

"에이, 너는 저리 꺼져라! 남편이 왔다!"

"바로 그래서 제가 여기 있는 거예요. 집회에서 저에 대해서는 그 누구도 '어디 갔지?'라고 물어보지 않아요. 이별에 앞서 전처럼 사랑에 취해 본 후에 헤어집시다. 당신을 오랫동안 기억하고 싶단 말이에요!"

오리는 이렇게 말하고 검독수리의 거대한 둥지로 기어올라가 암컷 검독수리와 입맞춤하고 냄새를 맡기 시작했다.

그러다 갑자기 오리는 대장 검독수리가 돌아오는 것을 눈치챘다.

오리가 말했다.

"암컷 검독수리님, 어디로 숨을까요? 날아오르면 나를 볼 텐데요!"

암컷 검독수리가 말했다.

"둥지 아래 큰 가지 밑에 앉아 있어라. 지금은 어두우니 근시안인 새가 보지 못할 것이다."

오리는 큰 가지에 달라붙어 그 밑에 앉았다.

대장 검독수리가 날아와서 암컷에게 말했다.

"자, 어서 아이들을 채비하시오! 북쪽 지방의 땅은 가장 아름다운 땅이었소. 날씨도 서늘하고 나무도 풍족히 많고 숨을 바위도 충분했고 짐승도 먹잇감도 넉넉했다오."

"몇이나 떠나는 거예요?"

"아무도 데려가지 않을 것이오! 나는 그들에게 '너무 더럽고 견딜 수 없이 춥고 바람이 부는 땅'이라고 말했소. 내가 무엇 때문에 그들에게 말한단 말이오? 우리만 떠나서 왕과 왕비가 되어 맘껏 새끼들을 낳읍시다."

그러는데 오리는 무슨 소리인가를 들었다. 마치 누군가가 암컷에게 키스하고 애무하는 듯한 소리였다. 1년이나 못 본 암컷에게 무엇을 하겠는가? 이 소리를 듣고 오리는 질투가 났다. 1년이나 그 암컷을 사랑했던 오리에게 당연한 일 아닌가.

질투가 난 오리는 '추스' 하고 소리쳤다. 그러고는 날아올랐다. 이 소리 때문에 대장 검독수리는 흠칫 놀라서 '수우이!' 하고 소리치면서 솟구쳐 올라갔다. 그 바람에 둥지가 와르르 허물어져 버렸다.

대장 검독수리가 암컷에게 물었다.

"도대체 누구 목소리요?"

"무슨 말씀 하시는 거예요? 누구 목소리라니요? 굵은 나뭇가지가 떨어지면서 나는 소리가 아니었어요?"

"그럴지도 모르지."

다음 날 아침 오리는 동물들의 회합에 와서 아뢰었다.

"정말 훌륭한 땅이 북쪽 지방에 있다고 해요."

"네가 그것을 어떻게 알아냈느냐?"

동물들이 물었다.

"내가 대장 검독수리의 둥지 밑에 들어가 앉아서 '자기 아내한테 도대체 뭐라고 하는지 들어 보자'라고 생각하고 있었어요. 그러자 대장 검독수리가 그렇게 말했어요. 이때 그의 둥지가 무너졌어요. 내가 이 일을 알고 있는 것으로 판단해 보면 사실을 아시게 될 거예요."

오리가 말했다.

"만약 사실이라면 다시 존경할 만한 새를 선출해서 보내는 것은 어떨까요? 이렇게 오랫동안 준비했는데 포기할 수는 없잖아요."

갑자기 점잖게 성큼성큼 대장 검독수리가 걸어 나타났다.

모든 동물들이 물었다.

"대장, 안녕히 주무셨습니까?"

"내 둥지가 무너졌다오."

이 말을 듣고 동물들이 말했다.

"그렇다면 오리가 사실을 말한 것이로군!"

동물들은 서로 눈짓을 교환하더니 말했다.

"자, 우리 대장 검독수리는 돌아와서 '그 나라는 아무도 살 수가 없다'라고 말했습니다. 우리는 그 말을 듣고 매우 슬펐습니다. 거기엔 반드시 훌륭한 땅이 있을 것이라고 생각했으니까요. 대장이 좋은 일을 하고 싶었을지는 모르지만, 결과는 그렇지 못하군요. 만약 서늘한 바람이 불어오는 그쪽으로 가 보면 틀림없이 훌륭한 땅이 있을 거예요. 우리는 존경할 만한 다른 새를 보낼까 생각합니다. 만약 우리가 그렇게 한다면 당신에게서 대장이라는 직함을 거두더라도 불쾌하게 생각하지 않으실는지요?"

모두가 합창으로 말했다.

"뭐가 불쾌하겠소? 불쾌할 일이 없지요."

그러자 새라고 불리는 날개 달리고 깃털 달린 모든 동물들이 학을 향해 말했다.

"당신은 대장 학이고 존경받는 노인이며 우리 중에서 가장 고결하며 날기도 잘하고 시력도 좋으며, 마른 땅에 내려앉을 수도 있고 벌레를 먹을 수도 있습니다. 만약 물을 만나면 긴 다리로 물 위를 걸으며 먹이를 찾을 수도 있습니다. 그래서 우리는 당신을 이 땅을 떠나서 그 땅을 둘러보고 돌아올 대장으로 선출합니다."

"좋소, 떠나지요. 나를 선출해 주어 고맙소."

학이 말했다.

그다음에 모인 새들 안으로 한 새가 들어왔다. 라하아타라고 불리는 오리였는데 꼴불견에 아주 작은 새였다. 그 오리가 갑자기 말했다.

"아하하! 전체가 다 모여서 새들 중에서 가장 어리석은 새를 골랐군요! 이 새한테는 긴 다리가 전부예요. 키만 크고

목만 쭉 길었지 아침저녁으로 미련하게 울기만 해요. 그런데도 이 새의 머리에 이성과 지혜가 있다고 생각하시는 거예요? 제 생각엔 개구리와 도마뱀이 있는 첫 번째 호수에 다다르자마자 이 새는 목을 채우고 돌아올 거예요!"

이 말을 들은 학은 곧장 오리한테 달려들었다! 흥분을 억제할 수가 없었다. 오리가 서 있을 수도 없이 때려서 오리의 날개와 다리가 부러졌다. 학이 오리의 목숨을 앗으려고 하자 새들이 구해 주었다.

오리는 누워서 겨우 숨을 쉬면서 말했다.

"아이고, 못 견디게 아프구나! 아이고, 이렇게 괴로울 수가! 공동 회합에서는 어느 누구나 어떤 말이든 할 자유가 있다고 했고, 만약 옳지 못한 말을 해서 사람들에게 해를 입힌 자는 그 말에 책임을 져야만 한다고 했습니다. 그렇지 않습니까? 좀 보세요. 당신들이 선출한 자가 무슨 현명함이 있고 평온함이 있습니까! 아이고, 실패할 수밖에 없을 거요!"

"사실, 우리의 대장은 공연히 저렇게 행동한 것입니다. 만약 오리가 중상모략한 거라면 밝혀졌을 테지요. 우리는 당신을 유임할 것입니다. 다른 괜찮은 자가 없으니까요!"

모두가 한목소리로 말했다.

라하아타는 누워서 꽥꽥 소리를 질렀다.

"아이고, 이런 불행한 일이! 다른 괜찮은 자가 없다는 그런 말을 하다니! 저기 앉아 있는 저 대장 독수리[3]가 보이지도 않으십니까? 누가 또 그 새처럼 멀리 볼 수 있습니까? 누가 또 그 새처럼 높게 날 수 있습니까? 누가 또 독수리처럼 그렇게 신중하고 사려 깊은 성질을 가지고 있습니까? 등잔 밑이 어둡군요."

"그래, 사실 우리에게는 가장 고귀한 가문에, 가장 존경받고 가장 현명하고 가장 힘센 새가 있습니다! 만약 그가 도달하지 못한다면 과연 누가 도달하겠습니까? 그가 보지 못하고 판단하지 못한다면 과연 누가 판단하겠습니까? 그렇다면 그를 선출해서 그에게 부탁합시다!"

새들은 한동안 떠들썩하게 소란을 피우고는 대장 독수리를 선출해서 그를 보냈다.

대기를 가르면서 휘파람 소리와 함께 독수리는 그 땅들을 둘러보고 돌아와서 말했다.

"그 땅은 훌륭한 땅이며 단 한 마리의 새도 죽지 않고 단 한 개의 알도 썩지 않을 것이오."

그리고 모든 새들이 소란을 떨며 날아가려고 할 때 라하아타라는 이름의 새가 말했다.

---

3) 야쿠트인들의 신화에서 독수리는 매우 존경받는 새이고 독수리를 죽이는 것은 매우 큰 죄였다.

"내가 혼자 여기 남는다면 죽지 않을까요?"

그러자 새들이 모여 이렇게 결정했다.

"라하아타라는 이름의 새는 학이 등에 태워 이동한다. 이것은 학이 오리의 손발을 부러뜨린 죄인이기 때문이다!"

그래서 학은 자주 모습을 보이지 않게 되었다. 검독수리도 그때부터 숲에 숨어 살고 있다.

누가 일출을 처음으로 보는가

땅과 하늘이 창조된 시대부터 모든 새와 동물은 세상 어디에나 등장해 온갖 논쟁과 분쟁을 했다. 어느 날 높은 강변이 있는 강 계곡으로 내려가던 쥐와 큰사슴이 마주치게 되었다. 해가 떠오르기 전 여명에 하늘은 조금씩 밝아지고 있었다. 이때 쥐가 말했다.

"아마도 긴 다리를 가진 존재가 일출을 먼저 보겠지. 아마도 작고 불행한 자는 나중에 일출을 보겠고. 그래도 겨뤄보자. 틀림없이 내가 먼저 보게 될 테니까."

쥐가 말했다.

"누가 알겠어. 정말로 긴 다리가 내게 도움이 될지. 울창한 나무의 꼭대기 사이로 쳐다보는 내가 틀림없이 먼저 보게 될 거야."

큰사슴이 말했다. 대단한 논쟁이 벌어졌다.

그런데 쥐는 괜히 영리한 것이 아니었다. 이런 논쟁 중에 나무 꼭대기에서 서쪽을 보고 있는 것이었다. 나무 꼭대기에서 서쪽을 바라보았을 때 햇빛이 나무 꼭대기를 비추고 있었다. 그런데 큰사슴은 해가 떠오르는 동쪽에서 보고 있었다. 하지만 거기서는 높은 강변이 하늘을 가려 어둡게 하고 있었다. 쥐가 말했다.

"존경하는 큰사슴 양반, 일출은 보셨나요? 나는 오래전부터 서서 보고 있다오. 저기, 저기 좀 보시오!"

큰사슴이 보니 해는 이미 떠올라서 그 나무의 꼭대기를 비추고 있었다.

이렇게 큰사슴은 긴 다리를 가졌음에도 일출을 보지 못했다. 나무나 풀 밑에서 살고 있는 작은 쥐는 먼저 일출을 보았고 승리를 기뻐했다고 전해진다.

수말과 황소
ㅡ겨울이 길어지고 여름은 짧아진 이유

전 세계를 창조한 후 신은 사람에게 물었다.

"겨울을 길게 할까, 아니면 여름을 길게 할까?"

이 말에 사람은 대답했다.

"제 친구들인 수말과 황소에게 물어보세요. 그들이 말하는 대로 그렇게 하세요."

신은 수말에게 물었다.

"겨울이 길었으면 좋겠느냐, 아니면 여름이 길었으면 좋겠느냐?"

이 말에 수말은 대답했다.

"여름을 길게 해 주세요. 겨울엔 내 발굽이 온통 얼어 버리거든요."

그런 다음 신은 황소에게 물었다.

"그럼 너는 겨울이 길었으면 좋겠느냐, 아니면 여름을 길게 하면 좋겠느냐?"

황소가 대답했다.

"겨울을 길게 해 주세요. 여름 무더위에 제 코가 곪아 터져요."

그러자 신은 겨울을 길게 하고 여름을 짧게 했다.

이 때문에 수말은 화가 나서 황소의 코를 발로 찼고 황소의 윗니가 빠져 버렸다. 황소는 수말의 옆구리를 뿔로 받았고 수말의 담낭을 찔러 버렸다. 그래서 지금까지 말에게는 담낭이 없고 뿔 있는 짐승한테는 윗니가 없는 것이다.

차아차하안 차아차하안

차아차하안 차아차하안이라는 노파가 살았다. 그에게는 하바흐 바스라는 남편이 있었다. 그들에게는 킬 큐요메이라는 딸과 오트 소토라는 아들이 있었고 그 아들에게는 세비르데흐 튜요스라는 아들이 있었다.

이 사람들에게는 울타리 안에 들어갈 수 없는 단 하나의 갈색 황소, 골짜기에 들어갈 수 없는 얼룩 황소가 있었다. 이들은 평생 만일을 대비해서 이 황소를 데리고 있었고 잘 먹여서 해마다 살을 찌우고 있었다.

그러던 중 마침 모두가 함께 모여서 골짜기에 들어갈 수 없는 얼룩 황소, 울타리 안에 들어갈 수 없는 갈색 황소를 잡아먹기로 결정했다. 모두가 기뻐서 환호성을 질렀고 모두가 생기를 띠었다. 청년 오트 소토는 자작나무 물통 두 개를 들고 물을 길으러 호수로 향했다. 호수에 도착해서 얼음 위를 미끄러지기 시작했고 물이 든 통을 엎질러서 얼음에 얼어붙어 버렸다.

이렇게 오트 소토는 누워 있게 되었고 누운 채로 이런 대화를 하기 시작했다.

"얼음아, 얼음아, 정말로 네가 가장 힘이 세니?"

얼음이 말했다.

"물론이지, 내가 가장 힘이 세지!"

"얼음아, 얼음아, 만약 네가 가장 힘이 세다면 어째서 해가 너를 녹여 버릴까?"

오트 소토는 해에게 말했다.

"해야, 해야, 정말로 네가 힘이 가장 세니?"

해가 말했다.

"물론이지, 내가 가장 힘이 세지!"

"해야, 해야, 만약 네가 가장 힘이 세다면 어째서 먹구름이 너를 가리지?"

오트 소토는 먹구름에게 말했다.

"먹구름아, 먹구름아, 정말로 네가 가장 힘이 세니?"

"물론, 내가 가장 힘이 세지!"

"먹구름아, 먹구름아, 만약 네가 가장 힘이 세다면 어째서 바람이 너를 몰아내지?"

오트 소토는 바람에게 말했다.

"바람아, 바람아, 정말로 네가 가장 힘이 세니?"

"물론이지, 내가 가장 힘이 세지!"

"바람아, 바람아, 만약 네가 가장 힘이 세다면 어째서 바위산이 장애물이 되지?"

오트 소토는 바위산에게 말했다.

"바위산아, 바위산아, 정말 네가 가장 힘이 세니?"

"물론이지, 내가 가장 힘이 세지!"

"바위산아, 바위산아, 만일 네가 가장 힘이 세다면 어째서 쥐가 네 밑을 파고 돌아다니지?"

바위산이 말했다.

"그렇다면, 쥐가 나보다 힘이 세다는 것이네."

오트 소토는 쥐에게 말했다.

"쥐야, 쥐야, 정말로 네가 힘이 가장 세니?"

"물론이지, 내가 가장 힘이 세지!"

"쥐야, 쥐야, 만일 네가 힘이 가장 세다면 어째서 고양이를 무서워하지?"

그렇게 오트 소토는 오랫동안 누워 있었다.

가족은 울타리 안에 들어갈 수 없는 얼룩 황소, 골짜기에 들어갈 수 없는 갈색 황소[4]를 잡아서 가죽을 벗기고 내장을 들어냈다. 청년 세비르데흐 튜요스는 황소의 가슴뼈를 들어 올릴 수가 없었고 가슴을 들어 올리려고 힘을 쓰다가 죽었다. 딸 킬 큐요메이는 기름진 고기의 자기 몫을 불에 구어

---

4) 앞서 울타리 안에 들어갈 수 없는 것은 갈색 황소, 골짝에 들어갈 수 없는 것은 얼룩 황소였지만 여기서부터 뒤바뀐다. 원전에도 그러한데 구전문학을 채록하면서 생기는 오류다.

서 먹다가 기름 때문에 목에 화상을 입어 죽었다. 이것을 본 노인 하바흐 바스는 말했다.

"아이고, 이게 무슨 일이냐? 내 가족이 모두 죽었고 우리는 끝이 났구나."

노인은 슬픔 때문에 손으로 머리를 부여잡고 말하다가 손톱으로 머리통을 쥐어뜯어 죽어 버렸다.

차아차하안 차아차하안 혼자만 남게 되었다.

"가만, 나 혼자 어떻게 울타리에 들어갈 수 없는 얼룩 황소와 골짜기에 들어갈 수 없는 갈색 황소를 먹을 수가 있을까?"

그녀가 걱정했다.

차아차하안 차아차하안은 가장 나이 든 안가아 모구스[5] 에게 가서 말했다.

"나리, 저와 함께 가셔서 골짜기에 들어갈 수 없는 갈색 황소를 함께 먹어요."

그 사람이 말했다.

"오! 나는 그렇게 많이 먹을 수가 없다오. 중간 나이의 나리에게 가 보시오."

---

5) 안가아 모구스, 알라아 몬구스, 안가아 몬구스, 아가아 몬구스 등으로 불리며 야쿠트 구전에서 자주 등장하는 부정적 인물의 이름이다.

차아차하안 차아차하안은 중간 나이의 안가아 모구스에게 가서 말했다.

"나리, 저와 함께 가셔서 울타리 안에 들어갈 수 없는 얼룩 황소를 함께 먹어요."

"오! 나는 그렇게 많이 먹을 수가 없다오. 나이 적은 나리한테 가 보시오."

차아차하안 차아차하안은 나이 적은 안가아 모구수에게 가서 말했다.

"나리, 저와 함께 가서 골짜기에 들어갈 수 없는 갈색 황소 고기와 울타리에 들어갈 수 없는 얼룩 황소 고기를 함께 먹어요."

나이 적은 안가아 모구스는 그러겠다고 하고 함께 갔다.

차아차하안 차아차하안은 황소 고기를 조각조각 잘라서 솥에 끓였다. 안가아 모구스는 모조리 먹었다. 전부 다 먹어서 아무것도 남지 않았다. 그런데도 안가아 모구스는 배가 부른 것 같지 않았다. 입맛을 다시고 또 다셨다.

"차아차하안 차아차하안, 나는 배가 부르지 않아. 먹을 것을 더 주쇼! 먹을 것을 주지 않으면 당신을 잡아먹어 버리겠소!"

이렇게 말하고 그녀를 잡아서 하파르6)에 넣고 집으로 갔다.

집으로 와서 안가아 모구스는 하파르를 처마에 올려놓고 자기 아내인 노파에게 가서 말했다.

"이봐, 실컷 먹지를 못했소. 울타리 안에 들어갈 수 없는 얼룩 황소 고기, 골짜기에 들어갈 수 없는 갈색 황소 고기는 하나도 남지 않았소. 자, 여기 당신을 위해서 선물을 가져왔소. 차아차하안 차아차하안을 하파르에 넣어서 가져와 처마에 두었다오."

이 말을 듣고 바느질을 하던 노파가 "아이고 좋아라!"라고 말하다가 바늘과 골무를 함께 삼켜 버렸다. 노파는 집에서 뛰쳐나와 처마에서 하파르를 내려서 페치카[7] 앞에 있는 돌 위에 올려놓았다.

안가아 모구스는 아내 노파에게 물었다.

"자, 차아차하안 차아차하안을 끓여 놓았소?"

아내가 빨리 대답을 하지 않자 안가아 모구스는 화가 나서 속이 부글거렸다.

---

6) 여자들이 드는 작은 가방, 지갑, 주머니 등을 말하는 것으로 천으로 만들어서 비단이나 구슬 등으로 장식한다.

7) 러시아와 만주를 비롯한 극한(極寒) 지방에서 쓰는 난방 장치. 돌 · 벽돌 · 진흙 따위로 만든 난로를 벽에 붙여서, 벽을 가열하여 방 안을 따뜻하게 한다.

"이봐, 차아차하안 차아차하안을 나와 나눠 먹지도 않고 자기 혼자 다 먹었군. 그러고는 입을 다물고 있군!"

그러더니 칼을 들어 아내의 배를 갈라 버렸다.

그러자 '으악' 하는 소리가 들렸고 할멈의 배에서 골무와 바늘이 땅으로 떨어졌다. 이것을 보고 안가아 모구스는 소리쳤다.

"아이고! 잘못 알고 실수로 내 할멈을 죽였구나. 얘들아! 내일 저녁에 나를 맞이해라. 내가 도착할 때쯤 차아차하안 차아차하안을 끓여 놓아라."

이렇게 말하고 나갔다.

"네, 그렇게 할게요!"

머리가 뭉텅뭉텅 빠진 일곱 딸과 머리가 뭉텅뭉텅 빠진 아홉 아들이 대답했다.

안가아 모구스가 나가자마자 차아차하안 차아차하안은 하파르에서 나왔다. 머리가 뭉텅뭉텅 빠진 일곱 딸과 머리가 뭉텅뭉텅 빠진 아홉 아들에게 말했다.

"얘들아! 내 고기를 먹고 내 기름을 마시게 될 거야. 다만 내 기름을 먹자면 국자가 필요한데 너희한테는 그게 없잖아. 내가 숟가락을 만들어 줄 테니 네 아비가 날카로운 칼을 어디에 두었는지 알려 주렴. 그러면 그 칼로 내 고기를 잘라 먹을 수 있잖아."

큰 애들은 아무 말도 하지 않았지만 작은 애들이 말했다.

"여기 있어요. 여기요!"

이렇게 말하면서 재빨리 날카로운 칼을 찾아서 할멈에게 가져다주었다.

차아차하안 차아차하안은 나무로 숟가락을 만들었다.

"애들아, 일어나서 모두 내 주위에 키대로 서거라. 머리를 잘 들고! 가장 잘하는 애한테 첫 국자를 주마."

할멈이 말하자 안가아 모구스의 아이들이 서로서로에게 다가갔다.

"모두 여기 있는 거니?"

차아차하안 차아차하안이 말했다.

"네, 모두 여기 있어요!"

아이들이 왁자지껄하기 시작했다.

그러자 차아차하안 차아차하안이 날카로운 칼로 열여섯 개의 머리를 단번에 싹둑 잘랐고 땅 위에 머리들이 굴러다녔다. 그리고 차아차하안 차아차하안은 가장 큰 아이를 잡아서 자신을 넣어 삶으려고 했던 솥에 넣었다. 나머지 아이들은 침대에 데려가서 발과 발을 겹쳐 놓고 이불을 덮어 놓았다. 머리들도 나란히 놓아두었다.

차아차하안 차아차하안은 날카로운 칼로 집의 네 구석 밑을 팠다.

저녁에 정해진 시간이 되자 코를 킁킁거리면서 안가아 모구스가 나타났다. 그는 페치카에서 솥이 끓고 있는 것을 보고 기뻐하면서 소리쳤다.

"아이고, 내 귀한 자식들아. 내가 명한 것을 모두 했구나. 아이고, 착한 내 아이들!"

그는 사랑스러운 말을 하면서 집으로 재빨리 들어갔다.

솥을 꺼내 앉아서 따끈한 기름을 맛보았다.

"이런! 내 기름이 끌어당기는 것 같구나. 정말 뭔가 혈육의 맛이 느껴지는구나. 차아차하안 차아차하안이 내 혈육이라도 된단 말인가!"

수프를 먹어 보았다.

"이런! 내 육즙이 스민 것 같구나. 정말 차아차하안 차아차하안이 내 친척이라도 된단 말인가!"

비계를 먹어 보았다.

"이런! 내 비계가 떨렸나. 이것은 무슨 징조임에 틀림없다. 정말 차아차하안 차아차하안이 비계를 나눈 내 친족이라도 된단 말인가!"

고기를 맛보았다.

"이런! 내 근육이 움직였구나. 이것은 징조다. 정말 차아차하안 차아차하안이 살을 나눈 내 친족이라도 된단 말인가!"

그러고는 말했다.

"자, 아이들아, 일어나라! 차아차하안 차아차하안을 맛보자, 먹어 보자꾸나!"

이렇게 말하고 이불을 들치자 쿵 하면서 머리가 뭉텅뭉텅 빠진 일곱 딸과 머리가 뭉텅뭉텅 빠진 아홉 아들의 머리가 땅으로 떨어졌다. 안가아 모구스는 너무 놀랐다.

"이럴 수가! 이럴 수가!"

이렇게 말하면서 굴러온 자식들의 머리를 마구 발로 짓밟아서 산산조각 냈다.

안가아 모구스는 마당으로 뛰쳐나갔다.

"차아차하안 차아차하안, 어디에 있느냐?"

이렇게 소리치자 집에서 차아차하안 차아차하안의 목소리가 들렸다.

"에이! 나는 여기 있지!"

안가아 모구스는 집으로 뛰어 들어갔다.

"차아차하안 차아차하안, 어디에 있느냐?"

그가 불렀다. 목소리가 마당에서 들렸다.

"에이! 나는 여기에 있지!"

안가아 모구스는 녹초가 될 때까지 집 주위를 뛰고 또 그녀를 불러 댔지만 그녀는 매번 다른 쪽에 있었다.

그 후에 마당으로 뛰어나와서 부르자 집에서 목소리가

들렸다.

"에이, 나는 여기에 있는데. 자, 들어와서 나를 먹어 봐! 다만 주인님, 나는 너무 주인님이 무서워요. 그러니 앞으로 들어오지 말고 뒤로 들어오세요!"

그녀가 말했다.

"좋다, 좋아! 내가 보니 너는 정말로 나를 무서워하는구나. 나 같은 사람을 감히 똑바로 쳐다볼 사람이 어디에 있겠느냐!"

안가아 모구스는 이렇게 말하고 차아차하안 차아차하안이 말한 대로 그에게 파 준 통로를 통해서 뒤로 들어가기 시작했다. 그러자 차아차하안 차아차하안이 날카로운 칼로 안가아 모구스를 찔러 대동맥을 끊어 죽여 버렸다.

안가아 모구스를 죽여서 무찌르고 차아차하안 차아차하안은 잘 살았다고 전해진다.

타알 타알 노파

어느 화창한 날 타알 타알 노파는 재미있게 놀려고 호수 얼음을 지치고 있었다. 지치다가 미끄러져 대야가 깨져 버렸다.

그래서 도대체 일어날 수가 없었다.

노파가 얼음에게 물었다.

"얼음아, 얼음아, 정말 네가 제일 힘이 세니?"

"물론이지, 내가 가장 힘이 세지!"

"얼음아, 얼음아, 네가 힘이 제일 세다면 왜 해가 너를 녹이지?"

노파의 물음에 얼음이 말했다.

"그렇다면 해가 가장 힘이 세네!"

노파가 해에게 말했다.

"해야, 해야, 정말 네가 힘이 제일 세니?"

"물론이지, 내가 가장 힘이 세지!"

"해야, 해야, 네가 가장 힘이 세다면 왜 먹구름이 너를 가리지?"

노파의 물음에 해가 말했다.

"그렇다면 먹구름이 가장 세구나!"

노파가 먹구름에게 말했다.

"먹구름아, 먹구름아, 네가 가장 힘이 세니?"

"물론이지, 내가 제일 힘이 세지!"

"먹구름아, 먹구름아, 네가 가장 힘이 세다면 왜 바람이 너를 흩어 버리지?"

노파의 물음에 먹구름이 말했다.

"바람이, 바람이 제일 힘이 세구나!"

노파가 바람에게 말했다.

"바람아, 바람아, 네가 가장 힘이 세니?"

"물론이지, 내가 가장 힘이 세지!"

"바람아, 바람아, 네가 가장 힘이 세다면, 왜 울창한 산을 넘지 못하니?"

노파의 물음에 바람이 말했다.

"그렇다면 울창한 산이 제일 힘이 세구나!"

노파가 산에게 말했다.

"울창한 산아, 울창한 산아, 네가 가장 힘이 세니?"

"물론이지, 내가 가장 힘이 세지!"

"울창한 산아, 네가 가장 힘이 세다면 왜 작은 회색 쥐가 너를 갉아서 뚫어 버리지?"

노파의 물음에 산이 말했다.

"그렇다면 회색 쥐가 가장 힘이 세구나!"

노파가 쥐에게 말했다.

"회색 쥐야, 회색 쥐야, 네가 가장 힘이 세니?"

"그렇지, 내가 가장 힘이 세지!"

"그럼 왜 사람이 회색 쥐를 덫으로 잡지?"

노파의 물음에 쥐가 말했다.

"그렇다면 사람이 제일 힘이 세구나!"

"사람이 제일 힘이 세다면 나도 역시 제일 힘이 세겠지!"

이렇게 말하고 노파는 벌떡 일어나 얼음에서 떨어졌다.

리이바라

은 배와 금 노를 가진 리이바라라는 사람이 살고 있었다. 어느 날 이 리이바라가 앉아서 아주 커다란 호수에서 물고기를 잡고 있었다. 그렇게 앉아 있는데 숲 가장자리에서 누군가가 노래를 불렀다.

"은 배와 금 노를 가진 리이바라, 리이바라!"

그러자 리이바라가 말했다.

"오, 도대체 무슨 일이지?"

리이바라가 이렇게 말하고 가서 보니 버섯 하나가 흔들흔들하며 앉아 있었다. 이 버섯이 바로 노래를 부르고 있는 것이었다.

그러자 리이바라가 말했다.

"이런, 틀림없이 악마구나!"

이렇게 말하고 있는 힘껏 그 버섯을 발로 찼다.

발로 차자마자 그의 다리가 버섯에 붙어 버렸다. 그런 다음 손으로 때리니 손이 붙어 버렸다. 그런 다음 머리로 박으니 머리가 붙어 버렸다. 그렇게 사지가 다 붙어 버려서 구부러진 채로 서 있었는데 숲에서 노랫소리가 들렸고 그다음에 갑자기 안가아 몬구스가 나타났다.

그는 갑자기 나타나서 말했다.

"오, 내 덫에는 항상 먹을 것이 잘 걸린다니까!"

이렇게 말하고 리이바라를 주머니에 집어넣었다.

집에 가져가서 잡아먹을 요량이었다. 이때 리이바라가 말했다.

"영감님, 저를 잘 먹여 살찌우신 후 3년 후에 드세요."

그러자 안가아 몬구스는 3년 동안 그를 잘 먹였다.

그렇게 잘 먹인 후 그를 잡아먹으려고 하면서 말했다.

"고기잡이용 내 도끼야, 이리 오너라! 간 보관용 자작나무통아, 이리 오너라! 심장 보관용 구부러진 내 자작나무통아, 이리 오너라!"

이렇게 말하자마자 순식간에 모든 도구가 등장했다.

이를 듣고 리이바라는 말했다.

"내 영감님, 영감님의 칼은 내 비계를 자르지 못해요. 볼로오노이 영감의 양날 검을 가져오세요."

안가아 몬구스는 볼로오노이 영감에게 갔다.

"영감, 내게 칼을 좀 빌려주오. 리이바라를 잡아먹을 작정이오. 어쩌면 피 한 숟가락이라도, 내장 끄트머리라도 영감에게 줄지 모르지 않소."

이렇게 말했다.

이 말에 볼로오노이 영감이 대답했다.

"에이, 영감. 내 칼은 이미 무뎌졌다오. 하라아나이 영감의 검은 돌을 가져와서 갈아야 한다오."

그러자 안가아 몬구스는 하라아나이 영감에게 갔다.

거기에 도착해서 말했다.

"영감, 내게 검은 돌을 빌려주오. 볼로오노이 영감의 양날 검을 갈아서 리이바라를 잡아먹읍시다. 어쩌면 피 한 숟가락, 내장 끄트머리라도 영감님께 돌아갈지 모르지 않소."

이 말에 하라아나이 영감이 말했다.

"영감, 내 돌이 너무 무거워졌다오. 알라아나이 영감의 얼룩말을 데려오시오. 그 말에 실어 가시오."

그러자 안가아 몬구스는 알라아나이 영감에게 말했다.

"자, 영감. 내게 얼룩말을 빌려주시오. 하라아나이 영감의 검은 돌을 실어 와서 볼로오노이 영감의 양날 검을 간 다음 리이바라를 잡아먹읍시다. 피 한 숟가락, 내장 끄트머리라도 영감한테 돌아갈지 모르잖소."

이 말에 알라아나이 영감이 말했다.

"영감, 내 말은 겁이 많아졌다오. 예레에네이 영감의 알록달록한 말총 밧줄을 가져오시오."

그러자 안가아 몬구스는 예레에네이 영감에게 가서 말했다.

"영감, 내게 알록달록한 말총 밧줄을 빌려주시오. 알라아나이 영감의 얼룩말을 매서 하라아나이 영감의 검은 돌을 가져다가 볼로오노이 영감의 양날 검을 갈아 리이바라를 잡아먹읍시다. 어쩌면 내장 끄트머리, 피 한 숟가락이라도 영감께 돌아갈지 모르잖소."

이 말에 예레예네이 영감이 말했다.

"영감, 알록달록한 말총 밧줄은 강 너머에 있다오. 거기서 가져가시오. 강을 건너뛰어 넘으시오."

그런 다음 안가아 몬구스는 강을 건너뛰었는데 강 한가운데에 '풍덩' 빠져 버렸다. 빠지면서 말했다.

"리이바라야, 내 엉치뼈로 절굿공이를 만들어라. 내 정강이뼈로 절구를 만들어라."

이렇게 말하고 강 한가운데 빠져서 죽었다.

리이바라는 이후에 잘 먹고 잘 살았다고 한다.

니이이 니이이 할멈

니이이 니이이 할멈한테는 대머리 아들 일곱, 대머리 딸 일곱, 말 떼 80마리, 아흔 개 우리에 든 암소 떼, 겨울이 없는 황무지 모래땅이 있었다. 그러나 물이 땅을 얼리고 풀이 시들어 갔다. 망아지와 송아지들에게 먹이를 보충해 먹였고 그래서 건초를 베었다. 말과 암소들은 밖에서 먹이를 먹었다.

할멈이 말했다.

"자, 아이들아. 건초를 베러 가자."

어느 날 아침 할멈이 아이들에게 말했다.

건초를 베고 저녁에 돌아와 집으로 들어가서 막 앉았는데 참을 수 없이 격노한 우레와 같은 굉음이 들렸다. 소리가 커지면서 집으로 안가아 몬구스가 날아들었다. 그러더니 집 한가운데에 멈추었다.

안가아 몬구스가 말했다.

"니이이 니이이 할멈, 내게 80마리의 말을 넘겨라!"

할멈은 무서워서 대답을 못 했다. '주겠다'고도 '안 주겠다'고도 말하지 않았다.

"주고 안 주고는 네 맘대로가 아니고 말하는 것도 말하지 않는 것도 네 일이 아니다."

이렇게 말하고 안가아 몬구스는 나가 버렸다.

그가 나간 후 보니 80마리의 말 떼 중에서 볼품없고 털 빠진 망아지 한 마리만 남아 있었다. 나머지는 모두 죽어 있었다.

그다음 날에 할멈은 아이들에게 말했다.

"내게는 아흔 개 우리에 든 암소 떼가 있으니 건초를 베러 가자."

이렇게 말하고 건초를 베러 갔다가 저녁에 돌아와서 차를 마시려고 앉자마자 큰 소리가 들렸다. 참을 수 없이 격노한 우레와 같은 소리가 커지면서 또다시 안가아 몬구스가 날아들었고 집 한가운데에서 멈췄다.

"니이이 니이이 할멈, 내게 아흔 개의 우리에 있는 암소 떼를 넘겨라!"

할멈이 한 마디도 못 했다. 무서워서 아무 말이 없는 것이었다.

"주고 안 주고는 네 뜻이 아니고 말하고 말하지 않고도 네 맘이 아니다!"

그는 이렇게 말하고 나가더니 사라졌다.

저녁에 밖으로 나와 보니 보잘것없는 송아지 한 마리만 남아 있었다.

말 떼에서 망아지 한 마리만 남고 암소 떼로부터 송아지 한 마리만 남은 후 다음 날에 할멈은 말했다.

"자, 아이들아. 건초를 베러 가자."

"왜 우리가 가야 하죠? 우리 집 말과 암소들을 안가아 몬구스가 모두 먹어 치워 버렸잖아요. 절대로 안 가요!"

"왜 안 간단 말이냐? 가을 무렵에는 우리 송아지가 자랄 것이고 우리 망아지가 자랄 것이다. 가자꾸나!"

할멈이 말했다.

"우리 송아지와 망아지를 먹일 건초를 베러 가자."

모두가 이렇게 결정하고 출발했다.

저녁에 집에 왔다. 들어오자마자 차를 마시려고 앉았는데, 갑자기 쿵 하는 소리가 들렸다. 그들 앞에 안가아 몬구스가 불쑥 나타났다.

"니이이 니이이 할멈, 내게 송아지와 망아지를 내놔!"

그가 말했다.

할멈은 아무 말도 하지 않았다.

그러자 안가아 몬구스는 말했다.

"말하고 말하지 않고는 네 뜻이 아니다!"

그러고는 나가서 사라졌다.

말 떼도 암소 떼도 남지 않은 다음 날 그들은 건초도 베지 않고 장작도 패러 가지 않고 누워 있었다. 다음 날 그들이 보통 집으로 돌아오던 저녁 시간에 또다시 안가아 몬구스가 나타나 말했다.

"니이이 니이이 할멈, 내게 대머리 아들 일곱을 내놔라!"

할멈의 심장이 두근거리며 뛰기 시작했다. 아무 말도 하지 않았다. 그는 할멈의 대머리 아들 일곱을 한 아름에 얼싸안고 어디로 갔는지 보이지도 않게 나가서 사라졌다.

할멈에게는 일곱 딸만 남았다.

다음 날이 되었다.

안가아 몬구스가 날아와서 말했다.

"내게 할멈의 대머리 딸 일곱을 내놔라!"

무엇을 말하겠는가? 할멈은 아무 말도 하지 않았다. 대머리 딸 일곱은 눈 깜짝할 사이에 감쪽같이 사라져 버렸다.

이제 할멈은 완전히 혼자였다. 할멈 혼자만 남았다. 말 떼도, 암소 떼도, 아이들도 아무도 없었다. 할멈은 누우려고 했지만 눕고 싶은 생각이 없었고 잠을 자려 했지만 잠도 오질 않았고 앉으려고 했지만 앉고 싶지도 않았다.

할멈에게는 친기리카안 골로바라는 이웃이 있었다. 한낮에 통곡을 하면서 그 이웃에게 갔다.

쥐머리라 불리는 친기리카안 골로바가 말했다.

"무슨 일이란 말인가! 왜 통곡을 하면서 왔는가?"

"안가아 몬구스가 갑자기 나타나서 다 망쳐 버리고 먹어 치워 버렸다오. 70[8]마리의 말 떼, 아흔 개의 우리에 있던 암소 떼, 일곱 아들, 일곱 딸을 다 먹어 치웠다오. 이제 오늘은 나를 먹으러 올 거요. 어떻게 하면 좋겠소? 어떻게 잡으면 좋겠소? 말 좀 해 보시오."

"에이, 왜 지금에서야 이 말을 하는 거요? 말 떼를 먹어 치웠을 때 곧장 와서 말했으면 좋았을걸. 어떻게 하면 좋겠느냐고요? 안가아 몬구스를 잡기는 간단하오. 골무를 썰매로 만들고 바늘 두 개를 하인들로 만들어서 이를 썰매에 매고 물통 하나를 놓아두시오. 그렇게 한 다음 물이 마른 호수 밑으로 내려가시오. 깊은 곳이 있을 거요. 거기서 물 반 통을 길으시오. 어쩌면 물이 마른 호수의 후미에 햇볕에 몸을 데우는 농어 두 마리가 서 있을지도 모르오. 그 농어들에게 막대기를 주어 이빨로 물게 한 다음 막대기를 끌어당겨 두 마리의 커다란 농어를 물이 든 양동이에 풀어 놓으시오. 그런 다음 호수 주위를 도시오. 거기에 흰뺨오리가 있을 텐데 그 오리한테 여덟 개의 알이 있을 거요. 그중에서 알 두 개를 가져다가 품에 넣어 오시오. 그런 다음 집으로 돌아오시오. 집으로 오는 길에 벼랑에 뛰어올라 가시오. 틀림없이 검고 반짝반짝하고 미끈거리는, 암소 배만 한 돌이 놓여 있을

---

8) 구전문학이기에 80마리를 여기서는 70마리라고 부르고 있다.

거요. 그 돌을 가져오시오. 그 후에 집으로 와서 아궁이 깊은 곳에 구멍을 파서 거기에 알 두 개를 파묻으시오. 그런 다음 재를 살짝 뿌려 놓으시오. '메 엣키미(계시오!)'라고 말하고 농어 두 마리가 든 양동이를 침상 왼쪽에 두시오. 사람이 붙잡을 수 있도록 세워 두시오. 아궁이 앞쪽 내벽에는 불갈고리를 기대 놓으시오. 그런 다음 문지방 옆 안쪽에 바로 그 암소 배만 한 반짝이는 돌을 놓아두시오. 이제 아홉 암소와 여덟 암말이 새끼를 낳은 후 남은 건초로 쓸어 모은 태반으로 그 돌을 덮어 두시오. 위에 던져 두면 되오. 그렇게 한 후 문지방에 송곳들을 박아 놓으시오. 침상 앞쪽 위 창문에, 침상 위 창문에 덫을 두 개 놓아두시오. 그리고 할멈은 예리한 양날 검을 가지고 광 옆에 있는 침상 뒤 구석에 가 있으시오."

이렇게 말했다.

니이이 니이이 할멈은 아무 말도 하지 않았다. 할멈이 두 마리 쥐를 데리고 이가 끄는 썰매를 타고 물이 마른 호수 밑으로 가서 보았더니, 햇볕에 몸을 데우면서 쉬고 있는, 등이 검게 그을리고 눈을 번뜩거리는 엄청나게 큰 농어 두 마리가 있었다. 그 농어들에게 막대기 두 개를 밀어 넣었다. 농어들이 막대기를 꽉 물었다. 그러자 할멈은 농어들을 끌어내서 물이 든 양동이에 풀어 놓았다. 그런 다음 호수 주변을 달리고 달렸다. 갑자기 목을 길게 빼면서 흰뺨오리가 날아갔다. 그 오리 둥지 속에 여덟 개의 알이 놓여 있었다. 알 두 개를 꺼내서 품속에 넣었다. 집에 돌아갈 시간이 다가오자 동쪽 벼랑으로 기어가 어렵게 올라가서 반짝거리는 검은 돌을 가져다가 썰매에 놓았다.

할멈은 이웃이 조언한 대로 했다. 아궁이 깊은 곳에 알 두 개를 놓고 밖에서 창문을 닫고 창문에 쇠 덫들을 놓았다. 문지방에는 송곳을 박아 두었다. 그리고 자신은 광 옆에 있는 침상 뒤 구석으로 도망쳤다.

마침내 안가아 몬구스가 나타날 시간이 되었다. 그는 해가 기울 무렵에 나타나는 버릇이 있었다. 시간은 4시경이었다. 안가아 몬구스는 굉음을 내며 들어왔다. 집으로 들어와서 돌에서 미끄러져 갈비뼈 여덟 개가 부러졌고 아홉 개가 꺾였다.

“아이고 아파, 아이고! 틀림없이 니이이 니이이 할멈이 몹쓸 짓을 한 것이군! 아이고 아파! 니이이 니이이 할멈, 여기 있는 거냐?”

아무 말이 없었다.

“할멈 집이 왜 이렇게 깜깜하지?”

그가 말했다.

“창문이 도대체 어디야?”

이렇게 말하면서 창문을 밀쳤더니 네 개의 덫에 손가락이 한꺼번에 잘렸다.

"아이고 아파, 아이고! 침상 위의 창문이 어디에 있지? 니이이 니이이 할멈, 여기 있는 거냐?"

다른 손으로 기대자 다섯 손가락에서 툭 하는 소리가 나더니 손가락이 한꺼번에 굴러갔다. 손가락 열 개가 없어졌다.

"아이고, 불이 어디에 있는 거지? 왜 할멈 집이 이렇게 깜깜하지? 왜 이렇게 어둡지?"

안가아 몬구스는 손목으로 아궁이 속을 파기 시작했다. 아궁이 재 속을 헤집었더니 알 두 개가 터져서 두 눈에 튀어 쓰라렸다.

"아이고 아파, 아이고! 니이이 니이이 할멈, 도대체 어디에 있는 거냐?"

안가아 몬구스가 말했다.

"도대체 할멈의 물이 든 양동이는 어디에 있지?"

물이 든 양동이 속에 두 손을 밀어 넣었다.

손을 쑥 집어넣었더니 농어들이 두 손목을 이빨로 물었다. 물자마자 안가아 몬구스는 "아이고 아파!" 하고 말했고 할멈이 막대기로 그의 뒤통수를 내려쳐서 뇌가 튀어나와 버렸다.

이렇게 안가아 몬구스를 죽이고 마음이 안정되어서 할멈은 창문을 열었다. 그리고 안가아 몬구스의 손을 잘랐다.

"왼쪽 엄지손가락을 베개에 찌르시오."

친기리카안 골로바가 조언했다.

왼손의 손가락을 베개에 찔렀다. 80마리 말 떼가 망아지까지 그대로 보존되어 있었고 아흔 개 우리의 암소 떼가 모두 여기에 있었다. 암소와 말 떼가 줄을 지어 쭉 뻗어 있었다! 일곱 아들과 일곱 딸도 살아 있었다! 할멈은 너무 기뻤다. 괴물을 끌고 나와서 불을 질렀다. 다들 기뻐했다.

전보다 열 배는 더 잘살게 되었다. 머리카락도 풍성해졌다. 스물일곱 마리 말들이 아홉 마리씩 세 배의 말들이 되었고 아홉 마리씩 세 배의 암소들이 되었다. 쥐머리 친기리카안에게는 아무것도 없었다. 마당에 풀만 있었다.

춥쵸요쿄욘 춥쵸요쿄욘

춥쵸요쿄욘 춥쵸요쿄욘이라는 이름을 가진 사람이 아내 한 명, 아들과 딸, 회청색 얼룩소, 암소 두 마리, 암말 두 마리, 두 초장의 말 두 마리, 새끼 황소 한 마리와 함께 키옌크 첸겔리크 호숫가에서 살고 있었다. 키옌크 첸겔리크 호수에서 춥쵸요쿄욘 춥쵸요쿄욘은 고기를 잡고 통발을 쳤으며 그것으로 먹고 살았다.

그러던 어느 날 아침, 하늘이 밝아졌을 때, 그가 통발을 보러 호수에 갔다. 호수에 가서 통나무배에서 물을 퍼내려고 하는데 갑자기 서쪽에서 커다란 소리가 들렸다. 얼마 후 곧 우르릉 쾅쾅 하는 소리가 나더니 아바아시[9]의 외눈박이 아들이 나타났다.

"춥쵸요쿄욘 춥쵸요쿄욘, 만약 내가 너를 먹기를 원치 않는다면 두 초장의 말 두 마리를 내놔라!"

"줄 수 없다!"

"내놓지 않는다면 너를 먹어 버리겠다!"

깜짝 놀란 춥쵸요쿄욘 춥쵸요쿄욘은 두 초장의 말들을

---

9) 민속에 자주 등장하는 악마, 귀신을 말한다.

가리켰다. 아바아시의 아들은 곧장 가서 와작와작 먹어 치웠다.

"내일 아침에 올 테니 암말 두 마리를 준비해 두어라."

불쌍한 춉쵸요쿄욘 춉쵸요쿄욘은 이 말 때문에 낙심해서 통발도 살펴보지 않고 아내에게로 갔다.

"에이, 할멈, 어쩌면 좋겠소? 무슨 좋은 수가 없겠소? 아바아시의 아들이 두 초장의 말 두 마리를 모두 잡아먹고 가 버렸다오. 그리고 이렇게 말했소. '내일 다시 오겠다. 암말 두 마리를 준비해 두어라.' 자, 어떻게 하면 좋겠소?"

"뭘 어떻게 하겠어요? 우리 목숨이 끝날 때가 왔나 봐요! 동쪽으로 간다 한들 이예요예흐시트를 찾겠어요? 서쪽으로 간다한들 아이이이시트를 찾겠어요?[10] 물속으로 빠진들 며칠이나 살 것이며 땅 밑으로 꺼진들 무슨 부자가 되겠어요? 한 가지밖에 없잖아요."

그의 아내가 중얼거렸다.

다음 날이 되었다. 춉쵸요쿄욘 춉쵸요쿄욘은 일어나자마자 가죽 부츠를 신고 소변을 보러 나갔다. 서쪽에서 또다시 커다란 소리가 나는 것이 들렸다. 얼마가 지나자 우르릉

---

10) '이예이예흐시트', '아이이시트'가 맞는 이름이다. 일부러 이름을 틀리게 불러서 아이러니하게 표현한 것이다.

쾅쾅 소리와 함께 아바아시의 외눈박이 아들이 나타났다.

"춉쵸요쿄욘 춉쵸요쿄욘!"

"무슨 일이오?"

"암말 두 마리를 준비했느냐?"

"아이고, 주인님. 잊어버렸습니다."

"잊어버렸다면 너를 잡아가겠다."

깜짝 놀라서 춉쵸요쿄욘 춉쵸요쿄욘은 암말 두 마리가 있는 곳을 알려 주었다. 아바아시의 아들은 가서 암말 두 마리를 와작와작 씹어 먹어 버렸다.

"내일 아침에 올 테니 암소 두 마리를 준비해 두어라."

불쌍한 춉쵸요쿄욘 춉쵸요쿄욘은 그날은 통발을 보러 가지도 않았다. 무엇을 해야 할지를 몰랐다. 하늘로 솟자니 하늘이 너무 높았고 땅으로 꺼지자니 땅이 너무 단단했다. 그래서 깊은 생각에 잠겨 왔다 갔다 했다.

다음 날이 되었다. 아침에 아직 아무도 일어나지 않았을 때 아바아시의 아들이 와서 문을 두드렸다. 문 두드리는 소리를 듣고 춉쵸요쿄욘 춉쵸요쿄욘은 밖으로 나갔다.

"춉쵸요쿄욘 춉쵸요쿄욘, 네 암소들은 어딨느냐?"

춉쵸요쿄욘 춉쵸요쿄욘은 암소들을 가리켰다. 아바아시의 아들은 가서 그 암소들을 와작와작 씹어 먹었다.

"내일 또 오겠다. 무엇을 줄지 잘 생각해서 결정해 놓고 앉아서 기다려라!"

"이런, 내 가축들은 다 죽었고 이제 회청색 얼룩소를 내놓을 일만 남은 것 같소이다!"

다음 날 아직 날이 다 새지도 않았는데 아바아시의 아들이 와서 문을 두드렸다. 이 소리를 듣고 촙쵸요쿄욘 촙쵸요쿄욘은 또다시 밖으로 나왔다.

"촙쵸요쿄욘 촙쵸요쿄욘, 회청색 얼룩소를 준비했나?"

"그렇소, 준비했소."

이렇게 말하고 촙쵸요쿄욘 촙쵸요쿄욘은 회청색 얼룩소를 가리켰다.

아바아시의 아들은 가서 그 소를 와작와작 씹어 먹었다.

아직 날이 다 새지도 않았는데 아바아시의 아들이 또다시 와서 문을 두드렸다. 이 소리를 듣고 촙쵸요쿄욘 촙쵸요쿄욘은 밖으로 나왔다.

"촙쵸요쿄욘 촙쵸요쿄욘, 네 마누라를 끌고 나와라!"

불쌍한 촙쵸요쿄욘 촙쵸요쿄욘은 가서 자기 아내를 끌고 나오려고 했지만 할멈은 아무리 해도 나오질 않았다. 그들이 그렇게 집 가운데서 엎치락뒤치락하고 있을 때 열린 문으로 아바아시의 아들이 안을 들여다보았다. 손을 뻗어서 촙쵸요쿄욘 촙쵸요쿄욘의 아내를 붙잡더니 그 할멈을 와작와작 씹어 먹었다.

촙쵸요굔욘 촙쵸요굔욘은 커다란 슬픔에 빠져서 울부짖으며 운명을 저주했다. 이제 아이 둘과 새끼 황소 한 마리만 남았다.

아들과 딸은 아버지에게 아무 말도 하지 않고 새끼 황소를 데리고 발길 닿는 데로 떠났다. 그렇게 아들과 딸은 이전에 그들의 암소 두 마리가 있었던 곳에 이르렀고 거기에서 붉은 새끼 황소와 헤어졌다.

아직 날이 새지도 않았는데 아바아시의 아들이 와서 문을 두드렸다. 이 소리를 듣고 촙쵸요굔욘 촙쵸요굔욘은 혼자서 그와 싸우기 위해 나갔다. 아바아시의 아들은 그를 와작와작 씹어 먹어 버렸다.

아들과 딸이 이 사실을 알게 되었다. 아들은 매우 슬퍼했지만 그는 너무 어렸다. 아들과 딸은 새끼 황소에게 갔다.

"아아, 너는 왜 준마가 아니란 말이냐! 왜 우리를 태우고 가지 못하느냐? 우리를 너의 긴 등에 앉히고 넓은 엉덩이에 앉히지 못한단 말이냐!"

새끼 황소가 대답했다.

"자, 아기씨들, 나를 한번 타 보세요! 내 목에서 밧줄을 풀고 출발합시다. 그가 우리를 잡지 못하는 한 우리를 잡아먹지는 못할 겁니다."

딸이 앞에 앉았고 아들이 뒤에 앉았다. 불쌍한 그들의 새끼 황소는 똥을 뿌리며 무릎을 굽혀 가면서 달렸다.

"이런 우악스러운 장난꾸러기들을 좀 보라지. 도망치는 꼴하고는! 자, 이제 쫓아가서 잡아먹어 버리겠다!"

그들 뒤에서 이런 소리가 들렸다. 아들과 딸이 뒤돌아보니 아바아시의 아들이 혀를 쑥 내밀고 입맛을 다셔 가면서 뛰어오고 있었다.

"오, 거의 다 따라잡았어! 어떻게 도망치지?"

아들과 딸이 이렇게 말하고 도망가면서 울었다.

아바아시의 아들은 새끼 황소의 꼬리를 확 붙잡았고, 그런 다음 엉덩이를 붙잡았는데 우레같이 우르릉 쾅쾅 소리가 나더니 아바아시의 얼굴에 온통 똥이 끼얹어졌다. 역겨워서 숨이 막힐 듯해진 아바아시의 아들은 땅바닥의 흙을 그러쥐고 멈췄다. 그렇게 버둥질을 치고 있는 동안 새끼 황소는 다시 꽤 멀리 도망쳤다. 아바아시의 아들은 얼굴을 닦고 다시 쫓아갔다. 또다시 따라잡아서 잡아먹으려고 했고 거의 다 닿을 듯했다. 또다시 새끼 황소의 꼬리를 잡고 엉덩이를 움켜잡았는데 새끼 황소가 피고름 똥을 그의 입, 입술, 눈에 퍼부었다. 아바아시의 아들은 사레가 걸려서 나자빠졌다. 새끼 황소는 달리기를 멈추지 않았다.

새끼 황소가 강에 이르렀다. 강으로 들어간 새끼 황소는 헤엄을 치기 시작했다. 아들과 딸은 온 힘을 다해 새끼 황소를 붙잡았다. 강으로 들어가서 그들은 그렇게 헤엄을 치고 또 쳐서 강을 건너와서 곧 강변으로 나가게 되었다. 그때 이런 소리가 들렸다.

"이런, 우악스러운 장난꾸러기들 같으니라고! 도망치려면 치라지. 다음에 얼굴을 맞댈 날이 오고야 말 테니!"

강변에 나와서 아바아시의 아들이 소리쳤다.

이 소리를 들으면서 아들과 딸은 건너편 강변으로 나갔다.

"좀 누워서 쉽시다. 좀 앉아서 진정을 합시다."

새끼 황소가 말했다.

그렇게 누워서 보니 아주 아름다운 곳이었다. 새끼 황소가 말했다.

"이마에서 이를 찾아보세요. 이가 나를 물어뜯고 있어요."

이를 잡고 보니 거미만 했다. 새끼 황소가 딸에게 말했다.

"바로 그 이를 죽이세요."

딸이 이를 잡아서 죽였다.

"자, 이제 저는 죽어요."

아들과 딸이 말했다.

"죽지 마, 죽으면 안 돼!"

"내 영혼이 죽었어요. 당신들이 그 영혼을 죽였어요. 유언을 말하는 편이 낫겠어요. 들어 보세요! 내 가죽을 벗기세요. '집이 되어라'라고 말하고 가죽을 펼치세요. 내 해골에게는 '벽난로가 되어라'라고 말하고, 내 몸의 사지에는 '네 개의 기둥이 되어라'라고 말하고, 등에게는 '대들보가 되어라'라고 말하고, 간장과 심장에게는 '철의 검은 개들이 되어라'라고 말하고, 핏덩어리에게는 '개의 먹이가 되어라'라고 말하고, 네 개의 발굽에게는 '네 개의 침상이 되어라'라고 말하고 던지세요. 가죽 밑으로 들어가서 누우세요. 그러는 동안에 개 한 마리가 다른 개와 싸울 거예요. 싸우기 시작하면 일어나서 개들을 먹이세요. 그 개들은 가장 훌륭한 사냥개가 될 것이니 소중히 다루세요. 자, 이제 안녕히 계세요!"

이렇게 말하고 새끼 황소는 죽었다.

새끼 황소가 죽자 아들과 딸은 그의 가죽을 벗기고 그가 명령한 대로 '집이 되어라'라고 말한 후 가죽을 펼쳤고, 해골에게는 '벽난로가 되어라'라고 말하고, 사지에게는 '네 기둥이 되어라'라고 말하고, 척추에게는 '대들보가 되어라'라고 하고, 간장과 심장에게는 '철의 검은 개가 되어라'라고 하고, 핏덩어리에게는 '개의 먹이가 되어라'라고 말하고, 네 개의 발굽에게는 '네 개의 침상이 되어라'라고 말하고는 울면서 가죽 밑으로 들어가 누워서 잠이 들었다.

갑자기 소년에게 무슨 소리가 들렸다. 개가 짖고 있었는데 다른 개와 싸우는 소리가 들렸다. 그 소리를 듣고 소년이 벌떡 일어나서 보니 아무도 없었다. 소년은 또다시 울기 시작했고 눈물을 흘리며 잠이 들었다. 그런 다음 또다시 얼마가 지나서 싸우고 있는 개들의 소리가 들렸다. 소년은 일어나서 핏덩어리를 똑같이 나눈 후에 두 마리 개에게 던졌다.

이때 갑자기 주위를 보니 그들은 아름다운 집에 누워 있는 것이었다. 그렇게 소년은 개들에게 먹을 것을 주었다. 새끼 황소의 내장을 끓여서 소녀와 소년은 먹었다. 먹고 난 후 소년은 두 마리 개와 함께 나갔다. 그리고 수많은 오리와 수많은 토끼들을 잡아 돌아왔다. 그러자 자신을 믿게 되어 '사냥할 수 있구나'라고 생각했다. 버드나무로 활과 화살을 만들었다. 그 화살로 주위의 오리, 토끼, 다른 동물들을 모조리 잡아 버렸다.

한번은 소년이 두 마리 개를 데리고 사나흘 일정으로 사냥을 떠났다. 그의 누이는 남았다. 사나흘 후에 집으로 돌아오는데 잡은 것의 일부는 등에 지고, 일부는 끌고, 일부는 사냥했던 장소의 움 속에 놓아두었다. 소년이 돌아와서 문을 열자 두 마리 개가 그를 앞서 집으로 뛰어 들어갔다. 개들이 뛰어 들어가서 보니 아바아시의 아들이 항아리 밑으로 기어 들어가 연기처럼 사라졌다. 누이가 어디 있는지 보니 그가 이미 누나를 잡아먹고 뼈는 쓰레기 더미에 던져 버린 후였다.

이것을 알고 개들이 소년에게 말했다.

"큰일 났어! 그가 들어간 곳으로 우리도 활시위를 잡고 들어가겠어. 우리가 죽는다면 검은 거품이 일어날 거야. 그러면 활시위를 잡아당겨서 매달아 죽여. 만약 성공한다면 흰 거품이 일 거야. 그러면 사냥한 동물들의 비계를 삶아서 우리를 맞을 준비를 해."

이렇게 말하고 두 마리 개들은 활시위를 잡아당겨서 항아리 밑으로 사라졌다.

그리고 소년은 앉아서 기다렸다. 항아리의 왼쪽 끝에서 검은 거품이 올라왔다. 거품을 보고 소년은 벌떡 일어나서 활시위를 잡아당기며 부산하게 서둘렀다. 이때 검은 거품이 점점 회색이 되어 말라 버리고 부글부글 끓기 시작하더니 흰 거품이 끓어올랐다. 소년은 잡은 짐승들의 엉덩이 부분에서 떼어 낸 비계를 끓여 음식을 준비했다. 얼마의 시간이 지나자 개들이 뛰어 올라왔다. 이들이 이빨을 꽉 문 채 아바아시의 아들이 통째로 삼킨 누이의 해골을 꺼내 왔기에 소년은 묻어 주었다. 두 마리 개는 양 다리의 서혜부 동맥을 물어뜯어서 아바아시의 아들을 죽였다는 사실을 소년에게 자세하게 설명했다. 개들은 사냥한 짐승들의 비계를 먹었다.

이렇게 춥쵸요쿄욘 춥쵸요쿄욘의 아들은 두 마리 개와 함께 곰 갈기를 잡고 들사슴의 콧구멍을 끌면서 푸른 숲의 값비싼 털가죽 짐승들을 잡으러 다녔다. 그는 검은 숲의 귀한 짐승들을 사냥해서 벌이를 했고 아주 부자가 되어 훌륭한 사람이 되었다. 아무것도 부족함이 없이 기뻐하면서 평생을 잘 살았다고 한다.

다섯 마리 암소를 가진 베이베리케옌 할멈

다섯 마리 암소를 가진 베이베리케옌 할멈이 있었다. 할멈은 흰비오리가 있는 비예틸리메 강, 포아풀이 있는 목초지, 비탈이 있는 산, 말이 마실 수 있는 여울, 잡풀이 풍부하고 짐승이 많은 숲, 기름진 계곡이 있는 땅을 가지고 있었다. 이 계곡에서 가축을 방목했다. 암소 다섯 마리, 송아지 다섯 마리, 한 살배기 수송아지 다섯 마리, 세 살배기 황소 다섯 마리였다. 남자도 없이 혼자서 살았다. 비예틸리메강의 알라아스[11]의 한가운데에는 드넓게 퍼진 가지 일곱 개가 달린 할멈의 소나무가 있었다.

한번은 동쪽 하늘 맨 끝에서 깃털 구름이 밀려오더니 단비가 내렸다. 할멈은 다섯 마리 암소를 불러 모으러 나갔다. 울긋불긋한 송아지 가죽 외투를 뒤집어 입고 갔다. 할멈에게는 연기에 그을린 망아지 가죽으로 된 뒷부분이 달린 자바카[12] 모자가 있었다. 할멈이 도착해서 비를 피해 드넓게

---

11) 보통 호수가 있는 계곡을 말하는데 야쿠트인들은 방목을 하기 위해 이곳에 가족 단위로 정착했다.

12) 위가 높고 정수리에 장식이 달린 야쿠트 여성의 전통 모피 모자다.

퍼진 일곱 가지가 달린 소나무 위에 앉았다. 앉아서 아래를 보니 지금까지 보지 못한 특별하고 아름답고 귀한 풀이 땅 속에서 나와 자라 있었다. 금 잎, 은 줄기, 쑥 내민 금 꽃술, 정금으로 된 꽃송이, 금을 부은 듯한 대를 가진 풀이었다. 할멈은 앉아서 다 자란 풀을 쳐다보고 있었다. 그런 다음 가죽 다듬는 양날 단도를 꺼냈다. 칼을 꺼내서 뿌리털 하나 상하지 않고 줄기 하나 부러뜨리지 않고 풀을 파내서 털가죽 외투 속에 넣어 총총걸음으로 집에 갔다. 풀을 잘 감싸고 묶어서 침상 옆에 나란히 두었다.

그리고 또다시 암소들을 불러 모으러 총총히 나갔다. 암소들을 불러 모아 돌아왔다. 암소 다섯 마리를 진피리버들 울타리 안으로 몰아넣었다. 단단하게 건축된 그늘진 여름용 우리 안에 몰아넣었다. 그런 다음 집에 들러서 암소의 젖을 짜 송아지를 먹이려고 자작나무 물동이를 가지고 출발했다.

암소 한 마리의 젖을 짠 후 두 번째 암소의 젖을 거의 다 짜 가는데 집이 있는 저쪽에서 응애응애 하고 아이 울음소리가 들렸다. 갓난아기가 큰 소리로 우는 것이었다. 집으로 뛰어 들어와 보니 아무도 없었다. 얼핏 돌아보고 다시 되돌아갔다. 두 번째 암소 젖을 다 짰다. 다음번 암소의 젖을 짜기 시작하는데 또다시 아이가 울었다. 아이가 응애응애 울었다. 갓난아기가 큰 소리로 우는 것이었다. 벌떡 일어나다가 우유가 든 자작나무통을 엎질렀지만 집으로 달려갔다. 집에 들어가 보니 아무도 없었다.

"도대체 무슨 일이지? 누구 목소리가 들리는 거지? 또다시 운다 해도 이젠 오지 않을 거야!"

그런 다음 암소들한테로 돌아갔다. 암소의 젖을 짜기 시작하자마자 또다시 어린애가 울었다. 갓난아기가 응애응애 울었다. 우유를 엎지르고 집으로 달려갔다. 집에 들어가서 보니 털외투에 감싸서 가져왔던 그 풀이 갓난아기가 되어 이리저리 구르면서 울고 있었다. 다리를 바들바들 떨고 차면서 울고 있었다.

"오, 이럴 수가. 이렇게 기쁜 일이!"

갓난아기를 손바닥에 올려놓았다.

"마침내 내 나무 바이아나이[13]가 내게 왔구나, 내 자작나무 니콜라이가 내게 왔구나."

이렇게 말하면서 벌떡 일어나 왼쪽 긴 의자 위를 더듬어 거기서 새부리만 한 버터를 찾아서 아궁이에 넣었다.[14] 그

---

13) 야쿠트족 사람의 이름이다.

14) 야쿠트인들의 민속에서 불은 커다란 역할을 했고 야쿠트인들은 식사를 하기 전에 불에 음식을 조금 던져서 집귀신에게 먼저 고수레를

런 다음 아이를 업고 암소의 젖을 짜서 우유를 아이에게 먹였다.

그렇게 구름의 신으로부터 아이를 숨기고, 하늘 신에게 보여 주지 않으며, 중간세계를 들여다보지 않게 하고, 잔 아래에 놓고, 자작나무 바구니 위에 앉히고, 자작나무 그릇 속에 들락거리게 하면서, 자기 이를 보호하듯이 자기 눈을 보호하듯이, 야쿠트-우란하예츠[15]에게 보여 주지 않고, 아이를 키웠다. 이렇게 딸이 생기자 두 다리를 가진 앞 얼굴의 자들[16]이나 가까운 이웃들 중 그 누구도 집에 들이지 않았다.

사방에서 배려로 둘러싸인 소녀는 하루가 지나자 한 살배기가 되었고 나흘이 지나자 네 살배기가 되었고 이레가 지나자 일곱 살배기가 되었다. 그러나 할멈은 소녀에게 암소들을 돌보러 다니게 하거나 음식을 준비하게 시키지 않았다. 소녀는 주는 것만을 먹고 마시는 것에 익숙해졌다. 할멈은 날마다 한 가지만을 가르쳤다. 매일매일 힘줄로 실을 꼬는 것을 가르쳤다.

했던 관습을 가지고 있었다.

15) 옛날에 야쿠트인들이 스스로를 부르던 명칭이다.

16) 민속학에서 사람들을 그렇게 표현했다.

그렇게 살았다. 그런데 하라 하안의 아들은 그 장소들을 돌아다니는 습관이 있었다. 하라진 메르겐이란 이름의 그 아들은 진피리버들 화살과 자동 활을 가졌고 이곳저곳의 딱정벌레를 화살로 잡아서 적당치 않은 것은 버리고 필요한 것은 모아서 우윳빛 백마에 실었다.

그가 베이베리케옌 할멈 집 위로 몸을 구부렸는데 잎갈나무들이 자라고 있었다. 붉은 다람쥐 한 마리가 잎갈나무로 뛰어갔다. 하라 하안의 아들은 다람쥐를 보고 조준을 해서 휙 하는 소리를 내며 화살을 쏘았는데 빗나갔다. 빗맞은 진피리버들 화살은 다람쥐 옆 위쪽으로 날아갔다. 옆으로 날아가다가 밑으로 떨어졌는데 베이베리케옌 할멈 집의 연통 구멍으로 미끄러져 들어갔다. 그러자 하라진 메르겐은 다섯 마리 암소를 가진 베이베리케옌 할멈에게 갔다.

"내 화살이 할멈의 연통 구멍으로 떨어졌으니 꺼내서 내게 주시오."

그가 말했다.

할멈은 말이 없었다.

"베이베리케옌 할멈, 화살을 꺼내서 달라고 말하고 있지 않소! 왜 꺼내지 않는 거요?"

"잠깐 기다리세요. 국자를 씻고 있잖아요."

할멈이 말했다.

그러나 꺼낼 생각도 하지 않았다.

"베이베리케엔 할멈, 화살을 꺼내서 내게 주시오!"

"잠깐 기다리세요. 옹기그릇을 씻고 있잖아요."

"베이베리케엔 할멈! 자, 화살을 꺼내서 내게 줄 거요, 말 거요?"

"잠깐 기다리세요. 그릇을 치우고 있잖아요."

이 말에 처녀가 말했다.

"에이! 벌써 주셔도 되었을 것을!"

"네가 그렇게 민첩한 아이라면 직접 꺼내서 주어라. 앉아서 무슨 일을 하고 있는 거냐?"

할멈이 말했다.

그러자 처녀는 어머니에게 화가 나서 눈을 흘기며 곧장 문을 열고 손을 밖으로 뻗어서 화살을 주었다. 그동안에 청년은 처녀의 얼굴 반쪽을 쳐다볼 수가 있었다.

청년은 이후에 이레 동안을 아무것도 먹지 않고 마시지도 않고 말도 하지 않고 콧물이 나도 보지 않고 눈도 뜨지 않고 침이 흘러도 뱉지 않았다. 하라 하안이 아내와 함께 와서 아들에게 말했다.

"얘야, 무슨 놀랄 것을 보았느냐? 무슨 기쁜 것을 보았느냐? 말 좀 해 보아라!"

꼬치꼬치 캐묻는 통에 그는 말했다.

"비예틸리메 강, 가장 좋은 들판에 사는 베이베리케옌이라는 할멈이 있어요."

"에, 그렇지. 그 할멈은 우리와 오래된 이웃이지. 우리 아들이 무슨 이상한 것을 보았던 게구나."

그들은 비난하는 태도로 아들에게 말했다.

"그 할멈한테 외동딸이 있어요! 눈이 달린 후로 그렇게 아름다운 처녀는 본 적이 없어요. 그 처녀를 아내로 삼을 수는 없을까요?"

"에, 베이베리케옌 할멈의 딸이라면 재빨리 중신을 섭시다! 고기와 비계를 두 자루 가득 가져갑시다. 이 할멈한테는 틀림없이 입을 옷도 없을 거요. 가장 좋은 사슴 가죽을 가져갑시다. 어쩌겠어요? 직접 지어 입을 테지요!"

여행 채비를 해서 아들을 보냈다. 마지막에 이렇게 말했다.

"여기서부터 3킬로미터쯤 가면 이예이예흐시트[17]의 손자, 일레 하라라는 이름의 사람이 나올 것이다. 그 사람이 처녀 몸값을 합의할 것이다. 돌아오면 우리에게 모든 것을 말해 주렴."

---

17) 이예이예흐시트는 사람들과 다른 신들 사이에 중개자로 등장하는 신이다.

청년은 가서 이예이예흐시트의 손자인 청년을 데리고 갔다. 도중에 사냥을 해서 사냥물을 두 마리 말에 가득 더 실어서 말 허리를 부러뜨릴 뻔했다. 청년은 거름이 덮인[18] 베이베리케엔 할멈의 집에 도착해서 덜덜 떨기 시작했다.

"베이베리케엔 할멈! 나와서 눈과 얼굴을 보여 주시오!"

이예이예흐시트의 손자가 말했다.

"에이, 정말로 내 얼굴을 못 보았단 말이냐?"

"할멈, 나오시오! 선물을 가져왔소. 선물을 받아서 드시오! 우리는 사냥 중이라오. 어떻게 우리가 이 모든 것을 말에 실을 수가 있겠소? 할멈한테 남겨 두겠소."

청년이 말했다.

할멈이 나왔다. 청년은 수많은 온갖 들새들을 싣고 왔다. 묶은 끈을 발로 잡아채서 청년은 이 모든 것을 우르르 쏟아 냈다.

"자, 할멈에게는 딸이 있지요? 내가 저번에 봤소이다. 할멈 딸이오? 아님 남의 딸이오?"

"이런, 세상에! 누가 내게 자식을 주어 나를 꽃피게 한단 말이오? 내 딸이 분명하지."

---

18) 겨울에 추위를 막기 위해 야쿠트인들은 거름을 집 외부에 쌓아 두었다.

"자, 그럼. 내 품에 누울 친구가 될 자격이 있는지 생각해봐서 할멈의 딸을 내놓을 결심을 하고 방법을 찾아보시오. 내놓는다면 받을 것이고 내놓지 않는다면 해를 입게 될 것이오! 이제 이틀 후에 돌아오겠소. 하안길리이 산에 맹수를 사냥하러 갑니다. 우리가 도착하면 딸을 어떻게 할지 상의하고 모든 일을 재빨리 결정합시다. 필요한 것은 뭐든지 주겠소. 엄동설한에 얼지 않게 할 것이고 여름 한서에 땀 흘리지 않게 하겠소. 굶주리거나 목마르다면 음식에 부족함이 없이 할 것이고 가난하다면 재물을 줄 것이오."

청년은 이렇게 말하고 떠났다.

이틀 동안 할멈은 모든 것을 합의했고 딸에게서 간신히 동의를 얻었다.

"말 좀 해 봐라! 직접 말해 봐라. 어떤 사람들인지? 믿을 만한 사람들인지 아닌지?"

이틀 후에 청년은 사냥물을 가지고 돌아왔다. 집에 와서는 또다시 사냥물을 풀어 놓았다.

"에, 내 딸을 사냥물로 먹이니 정말 굶기지는 않겠구려."

처녀의 동의를 얻어 만나서 무엇이 필요한지 말하기로 했다. 결혼할 준비를 하고 키스를 한 후 청년은 처녀와 헤어졌다.

떠날 때 청혼자들은 이레 후에 돌아오기로 약속했다.

"어머니 자신을 하라 하안과 동등하게 여기고 나를 하라 하안의 아들에게 시집보내는군요. 얼마나 치장해서 보내는지 보겠어요."

"처녀 한 명쯤은 치장해서 보낼 수 있지."

할멈은 이렇게 말하고 오른쪽 장대를 '톡톡' 두드린 후 늘어진 구리 귀걸이 한 쌍을 딸랑 소리가 나게 던졌다. 난로의 장대를 '통통' 친 후 구리 반지 한 개를 쟁그랑 소리가 나게 떨어뜨렸다. 왼쪽 구석을 파니 짧은 사슴 가죽 부츠 한 켤레가 털썩 떨어졌다. 집의 오른쪽 구석을 파니 송아지 가죽으로 된 붉은색 털외투가 바싹 말라서 쾅 하고 떨어졌다. 오른쪽 기둥 아래에서는 망아지 가죽으로 된 붉은 모피 모자가 나왔는데 완전히 말라서 돌돌 말려 있었다.

"얘야, 채비를 해라. 이것들을 전부 물에 담가 불려라."

이 말에 딸은 옷을 전부 발로 밀쳐서 쓰레기 더미에 내동댕이쳤다.

그러자 어머니는 보석 반지를 페치카에 문질러서 반짝반짝 빛나도록 닦았다.

"자, 얘야, 받아라. 보석 반지가 어떤 금을 주더라도 바꿀 수 없을 만큼 훌륭해졌구나."

귀걸이도 그렇게 했다.

"어떤 아이들은 은으로 된 귀걸이도 하더구나. 하지만

이 귀걸이를 사람들이 금과 바꾸겠느냐?"

딸은 아무것도 받지 않았다. 이런 일들로 분주한 중에 이레가 흘러갔다. 약혼자가 도착하는 날이 되었다. 약혼자는 새벽녘에 도착했다. 얼음을 깨는 지렛대 소리처럼 쿵쾅 거리는 소리를 내며 걸어왔고 날카로운 얼음을 깨는 지렛대 소리처럼 삐걱거리면서 걸어왔다. 할멈은 송아지 가죽 털외투를 집어 들고 마당으로 뛰어나가서 말고삐를 붙잡고 말덮개를 벗겨 들여놓았다.

약혼자는 집으로 들어와서 오른쪽 침상에 앉았다. 앉자마자 벌떡 일어나서 획 던져 놓았던 자루에서 선물을 산더미처럼 쏟았고 옷을 펼쳐 놓았다. 커다란 털외투용으로 거대한 사슴의 등가죽을 보냈고, 여름옷용으로 암컷 사슴의 뱃가죽을 보냈으며, 이불을 지으라고 회색 토끼 가죽을 모아 왔고 검은 망아지 가죽들을 모아서 깔개를 만들라고 보냈다고 말했다.

이것을 보고는 딸이 말했다.

"저런 바보한테는 시집가지 않겠어요! 세상에! 이것으로 이불이 되겠어요? 당신의 협상이 무슨 소용이 있겠어요! 맨 처음부터 저는 의심스러웠어요. 저를 동등하게 여기고 진실한 말로 진심 어린 대화를 나누고 항상 따뜻하게 맞아 주는 친절한 사람들인지 알 수가 없었지요. 첫날부터 저를 존중하지 않았던 사람들인 거예요. 어머니, 아니에요. 그만두세요! 음식도 먹지 않고 옷도 받지 않겠어요."

이후에 약혼자가 말했다.

"이런 벽촌으로 유인해서 희망을 주더니 비웃는구려! 우리는 당신이 비웃는 사람들이 되었구려! 시작부터 잔꾀를 부리지 마시오! 한 약속은 단단해야 하고 맺어진 합의는 이행되어야만 하오! 허구한 날 그런 약속이 파괴된다면 어떻게 되겠소? 중간세계에서의 삶은 엉망이 되어 버릴 것이오!"

약혼자가 이 말을 한 후에 할멈은 서둘러서 말했다.

"딸애가 생각을 고쳐먹을 거예요. 사냥이나 다녀오세요."

할멈이 이 말을 하자 약혼자가 말했다.

"하루 밤낮 먹을 음식을 주시오. 하룻밤을 보내고 이틀 낮을 사냥하고 돌아오겠소. 이 시간 동안에 둘이 합의가 되지 않으면 좋지 못할 것이오."

청년은 이 말을 하고 사냥을 떠났다. 호르돈그노오흐 강을 따라 남쪽 숲 쪽으로 위로 올라갔다.

그가 떠난 후 드넓게 퍼진 일곱 가지를 가진 소나무 밑에서 푸른 풀을 흔들면서, 속이 빈 줄기로 된 막대기를 짚고서, 짙은 속눈썹 사이로 앞을 바라보면서, 사슴 가죽 부츠를 신고 발걸음을 떼며 처녀는 호수 쪽으로 거만하게 걸어갔다.

"여주인 할머니, 비예틸리메 호수의 영혼, 이예이예흐시트 어머니, 아이이시트[19] 아버지, 제요쇼교이-토이온[20], 판단 좀 해 주세요! 내 옷과 내 장식들이 어떤가요? 어디서 취할까요? 내 지참금과 내 마구의 말은 어디에 있으며, 어디서 구할까요? 알려 주시고 설명 좀 해 주세요! 나흘 동안에 내 운명을 결정해 주세요. 닷샛날에 내 운명을 예정해 주세요!"

그런 말로 부탁하고 빌었다.

이 부탁에 대한 대답으로 뜨거운 바람이 불었고 깃털 구름이 피어올랐으며 더운 비가 내렸다. 그 비가 오는 동안 누가 데려왔는지 눈치채지 못했는데, 흑갈색 말이 갑자기 나타났다. 그 말에는 소나무 속껍질 이음줄처럼 가장 좋은 옷들이 빽빽이 채워져 불룩해진, 묶이지 않은 금빛의 큰 자루가 실려 있었다. 말을 잡아서 고삐를 붙잡고 처녀는 또다시 다섯 마리 암소를 가진 베이베리케옌 할멈의 소중한 집으로 갔다. 말을 잎갈나무 반쯤 되는 높이의 말뚝에 매었다.

"자, 어머니. 나와 보세요. 이 자루 내리는 것을 도와주세요."

"아이, 누가 도대체 자루를 들고 또 왔단 말이냐?"

---

19) 사람, 가축, 개 등의 잉태와 다산을 촉진하고 도와주는 신을 말한다.

20) 운명의 신이다.

할멈은 이렇게 말하고 끙끙거리면서 집에서 나왔다.

자루를 내려 속에 든 것들을 꺼내기 시작했다. 가장 화려한 담비, 가장 훌륭한 스라소니, 가장 엄격하게 선별된 얼룩쥐(타르바간), 가장 훌륭하고 커다란 담비, 가장 엄격하게 선별된 검은 여우, 가장 값비싼 청색 다람쥐, 불꽃처럼 가장 붉은 여우 – 온갖 옷들이 쌓여 있었다. 하나씩 꺼내면서 서서 쳐다보았고 입어 보았고 누워서 보고 가격을 매겨 보고 끝까지 살펴보았는데 모두가 한결같이 흠집 하나 없었고 모두가 꼭 맞았고 안성맞춤이었다.

푸른 숲의 값비싼 털가죽들을 만져 보고, 사슴 콧구멍을 만져 보고, 큰사슴 코를 비벼 보고, 자기 말에 등이 부러질 정도로 짐을 싣고서 하라 하안의 아들이 도착했다. 도착하자마자 할멈은 청년에게 말했다.

"이 말이 옷을 실은 말이오."

이렇게 말하고 다섯 마리 암소 중에서 세 마리를 나누었고, 다섯 마리 송아지 중에서 세 마리를 나누었고, 두 초장의 다섯 마리 한 살배기 소 중에서 세 마리를 나누었고, 세 살배기 황소 다섯 마리 중에서 세 마리를 나누었고, 지참금을 후히 나눈 후에 일을 마쳤다. 청년은 이 지참금을 가지고 약혼녀를 데려갔다.

도중에 지나가다가 청년이 말했다.

"이 가축은 내가 직접 몰고 가겠소. 여기에 타라가나 출신의 아저씨 가족이 살고 있으니 이 가축은 그들에게 주겠소. 당신은 이 길을 따라 곧장 가시오. 내가 곧 따라잡을 테니. 내가 따라잡으면 함께 갑시다."

이렇게 말하고 지참금으로 나누어 준 가축을 앞서 몰고 가고 아내에게 길을 일러 준 후 길을 따라 떠났다. 청년은 타라가나 출신의 아저씨를 향해 출발했다.

그가 떠난 후에 여자는 자기 길을 따라 평안하게 갔다. 그런데 약혼자가 계속 나타나지 않았고 오지 않았다. 매우 험난한 산에서 내려온 후 커다란 위험을 안고 계속 갔다. 밑으로 내려간 후 매우 질척하고 더러운 늪지대 길을 따라가게 되었다. 가는 길에 한 노파가 힘겹게 장작을 패고 있었는데 노파의 머리 반쪽이 마치 불에 탄 것 같았다. 이때 노파가 처녀를 보았고 그녀에게 달려와서 말고삐를 붙잡고 서둘러 데려갔다. 노파의 바라크는 보통 바라크의 반 정도 되는 크기였고 노파의 페치카는 보통 페치카의 반 정도 되는 크기였고 노파의 옹기그릇은 보통 옹기그릇의 반쯤 되는 크기였고 국자는 보통 국자의 반 정도 되는 크기였고 나무 찻잔은 보통 찻잔의 반 정도 되는 크기였다. 말을 철로 된 기울어진 말뚝으로 데려가서 매었다. 여자를 말에서 내리고 안아서 집으로 데려갔다. 반 정도 담긴 국을 끓이는 옹기그릇을 가지고 밖으로 나갔다. 나가서 멈춰 선 그곳에서 배고픈 늑대를 울게 하고 기어간 곳에서 사나운 곰을 울부짖게 만들었다. 보통 바라크의 반 정도 되는 크기의 바라크 아래 웅덩이에서 늪의 물을 길어다가 보통 페치카의 반 정도 되는 크기의 페치카 위에 곧바로 올렸다. 물이 첫 번째로 끓어오르자 뒤섞었고 두 번째로 끓어오르자 이번에는 내렸다. 그 후에 한 다리 세 모서리의 찌그러진 식탁 위에 음식을 한 무더기로 차려 놓았다.

"딸아, 와서 먹어라!"

처녀는 천천히 와서 식탁에 앉았다. 노파는 그녀를 발이 톱날처럼 베어진 토막 의자에 앉히고 말했다.

"여행 중이니 틀림없이 배가 고프겠지? 뜨거울 때 먹어라."

이 말을 한 후 노파는 앉아서 음식을 먹었다.

"딸아, 네 머리에서 이를 찾아야겠다."

이렇게 말하고 스카프를 쓴 처녀의 머리를 움켜잡고 이를 찾기 시작했다. 머리 속에서 이를 찾으면서 처녀의 정수리 사이를 훅 불어서 처녀의 기억과 감정을 빼앗았다. 꽝 하는 소리와 함께 처녀를 얼음의 심연 속으로 던졌고 처녀의 옷을 모두 입고 나무 부스러기로 가죽을 긁어 벗기고 자기 얼굴을 치장했다. 밖으로 나와서 처녀의 말을 풀어서 타고 하라 하안의 훌륭한 약혼녀가 되고자 서둘러 쫓아갔다.

노파가 도착하자 하라 하안의 하인들은 약혼녀가 혼자 온 것을 보고 당황해서 처녀의 말을 잡아매었다.

"당신의 사람은 어디로 간 것이오? 당신의 신랑은요?"

사람들이 물어보기 시작했다.

"타라가나 출신의 아저씨한테 갔어요."

약혼녀가 말했다.

새 신부를 입구에서 왼쪽에 있는 침상에서 언제 놓아줄 것인가? 침상을 잠그기 전에 언제 침상에서 그녀를 놓아줄 것인가? 그녀는 스카프를 풀지 않고 모자를 벗지 않고 외투를 벗지 않고 입었던 그대로 낮에도 밤에도 돌아다녔다. 자, 그러는 사이에 그녀의 남편 될 사람이 도착했다.

"옷을 벗으시오. 그렇게 옷을 입은 채로 며칠을 계속 있을 거요?"

"제 어머니 베이베리케옌 할멈이 이렇게 말했어요. '이 달이 끝나면 옷을 벗어라'라고요. 왜 옷을 벗으라고 하시는 거예요? 어머니한테 다녀오시면 그때 벗겠어요."

노파는 그달이 끝나고 새달이 시작될 때까지 옛 옷을 몸에서 벗지 않았고 어깨에 걸친 옷을 통풍시키지도 않고 다녔다.

새달이 되자 청년은 선물을 챙겨서 베이베리케옌 할멈

에게 갔다. 베이베리케옌 할멈에게 도착했을 때 청년은 베이베리케옌 할멈이 자신이 첫 번째로 청혼했던 바로 그 처녀를 또다시 키우고 있다는 것을 알게 되었다.

"에이, 이 아이는 어디서 난 것이오?"

"아, 내가 직접 찾았지요."

거기서 온 처녀와 사위는 따로 자러 갔다.

그들이 누웠을 때 어린 소녀는 말했다.

"언니, 이야기 좀 해 줘."

"에이, 조용히 해! 머리와 다리가 아파."

"그럼 수수께끼라도 내 줘."

"에이, 조용히 해! 허리랑 간이 아파."

"그러면 무슨 이야기라도 해 줘."

"에이, 얘야. 옛날이야기를 들춰내지 마."

"자, 그렇다면 내가 이야기를 해 줄게."

"에이, 나는 시끄러운 것을 싫어한단다."

"그럼, 내가 형부한테 이야기해 줄게."

형부가 허락을 했다.

"그래. 이야기를 해 주렴."

"어린아이가 아무것도 모르고 떠들어 대며 잠을 못 자게 하는군요. 얘기하지 못하게 해요. 머리랑 다리가 아프다고요!"

그러나 소녀는 이야기를 시작했다.

"옛날에 베이베리케옌 할멈이 살았어요. 할멈한테는 딸 하나가 있었어요. 할멈의 이웃에는 하라 하안이 살았대요. 이웃인 하라 하안에게는 하라아딘 메르겐이라는 이름의 아들이 있었어요. 그 아들에게 베이베리케옌 할멈은 딸을 아내로 삼으라고 주었대요. 하라아딘 메르겐은 그 딸을 아내로 취해서 자기 집으로 데려갔대요. 아내로 취해서 출발했는데 정해진 대로 가지 않았어요! '타라가나 출신의 아저씨한테 다녀올게'라고 말하고 그녀를 혼자 보냈대요. 그 길은 제가 바아바[21]한테로 가는 길이었어요."

"에이, 얘야. 떠들지 마! 머리랑 다리가 아파!"

"머리 속에서 이를 찾는 척하더니 그녀의 감정을 빼앗고 얼음 같은 심연으로 던져 버렸어요. 방랑하는 하늘의 늑대 이예이예흐시트가 그녀를 끌어내서 베이베리케옌 할멈에게 데려갔어요. 베이베리케옌 할멈은 자기 딸을 두 번째로 키우기 시작했고 사람으로 만들었어요. 그러자 그녀 대신에 그 여자의 옷을 입은 제게 바아바는 그 사람의 아내가 되었어요."

---

21) 제게 바아바, 제가 바아바, 제게 바바 등으로 불리는 마귀할멈을 뜻한다.

"얘야, 너무 많이 떠들지 말라고! 아이 참!"

"거기에 도착했는데 모두가 약혼녀라고 생각했어요. 하알데인 메르겐[22]은 '옷을 벗으시오'라고 말했지만 벗지 않고 '어머니께서 이달이 끝날 때까지 벗지 말라고 했어요'라고 말했어요. 나무껍질로 얼굴을 가리고 다니고 있어요. 만약 믿지 못하시겠다면 아내의 얼굴에서 가죽을 벗겨 내고 보세요!"

청년은 벌떡 일어나서 아내의 얼굴에서 가죽을 벗기고 쳐다보았다. 그녀의 얼굴은 온통 철로 되어 있었고 얼음처럼 차갑게 반짝이는 눈이 하나만 있었다.

"자, 선택해라. 야자나무 창의 먹이로 만들어 줄까 아니면 종마 꼬리에 잡아맬까?"

"그렇게 해 봐라. 길들지 않은 종마 꼬리에 잡아매 봐라…."

청년은 노파를 길들지 않은 종마 꼬리에 잡아맸다. 노파는 지상의 끝과 하늘의 경계와 바다의 밑바닥까지 끌려다녀서 티끌로 날아가 버렸다. 피고름 방울들은 버드나무로 변했고 핏방울들은 삐걱거리는 버드나무가 되었고 비겟덩어

---

22) 구전문학이다 보니까 하라아딘, 하알데인, 하라진 등으로 혼동해서 쓰고 있다.

리들은 떡갈나무가 되었고 뇌의 덩어리들은 진피리버들이 되었다. 노파는 그렇게 조각조각 찢겨서 땅과 흙의 양식이 되었다.

청년은 그 후 부끄럽고 수치스러워서 베이베리케옌 할멈에게 들어가지 못하고 자기 집으로 갔다. 자기의 땅과 가축을 둘러보았다. 모든 계곡에서 송아지들이 죽어 가고 있었고 모든 저지대의 바닥에서 망아지들이 말라서 죽어 가고 있었고 모든 초원에서 말들이 여위어 가고 모든 우리에서 암소들이 죽어 가고 있었다. 그의 땅에서 오리들은 사라졌고, 어치들은 없어졌고, 새로 온 새들은 없었고, 활기 있는 새들은 꼬여 들지 못했다. 어머니와 아버지는 늙어서 기억력이 없었다.

시메예흐신 할멈이 들어오는 모든 사람을 때리고 발로 찼다.

"시메예흐신 할멈, 무슨 일이오? 나를 때려죽이고 죽은 짐승 고기로 살아가고 싶은 게요? 하라 하안 노인의 재산을 가져다가 모두 탕진했군요, 그렇죠? 한 사람이라도 살아남아 돌아와서 재산을 요구하고 가져가기라도 할까 봐 그러는 거요?"

"만약 가축들이 죽었더라도, 그건 내가 그런 것이 아니오. 가축들이 굶어서 몹시 말랐더라도 내가 그런 것이 아니오. 당신의 아내가 밖으로 나와서 들판 쪽을 향해 몸을 돌려 '히잉히잉' 하고 말을 부르고 손바닥을 입 가까이 대고 핥았소. '음메 음메' 하고 송아지 우리에 들어가서 입맛을 다시고 열 손가락을 빨았소. 어머니와 아버지 쪽을 가리키면서 입술을 철썩 때렸소. 당신은 '베이베리케옌 할멈의 가장 훌륭한 여자를 찾아서 데려왔다'고 말하면서 그때 매우 자랑스러워했지요. 이제 우리는 아주 똑같이 된 것 같군요! 베이베리케옌 할멈의 딸에게는 따로 집을 지어 주었군요. 그러지 않았소? 이제 이 지방으로 다시는 데려오지 말고 사람들에게 보여 주지 마시오."

청년은 나무와 풀의 모든 영혼을 부르고, 중간세상에서 친하게 지낸 모든 사람들을 부르고, 음식을 차려서 융숭히 대접하고 모든 것을 이야기했다.

"내가 취한 아내는 그런 사람이었소."

그리고 제게 바아바를 어떻게 낭떠러지로 던져 버렸는지 모든 것을 자세하게 이야기했다.

"여러분, 충고 좀 해 주세요! 어떻게 하면 그 여자를 도로 찾아올 수 있을까요?"

그러자 사람들이 그에게 조언했다.

"아주 쉽게 그녀를 거기서 되돌아오게 할 수 있다오! 이제 다시 가서 청혼을 하고 합의를 해서 되돌리시오. 합의를 하게 되면 도중에 그녀를 혼자 가게 하지 말고 집까지 데려오시오! 다른 사람들도 혼자 보내지 않도록 하시오. 이제 다시 그녀를 취한다면 '도중에 따라잡을 거다'라고 생각하지 말고 그녀를 데려오시오. 이예이예흐시트의 손자, 아이이시트 알라 투이군의 손자, 일레 하라는 분가시켜서 세상에서 적게 뿌리내리고 홀로 약혼녀를 얻도록 정해 주시오. 이렇게 말하며 그녀의 합의를 얻고 인간적으로 대화를 하시오. 야쿠트인 식으로 대화를 나누고 우란하이스크 식[23]으로 대화를 이끌어서 베이베리케옌 할멈을 보살피고 그 할멈을 그 지역 주인 영혼의 보살핌 아래 남겨 두고 그녀 고향의 보호 아래 넘겨주게나. 어서 가게!"

그렇게 말하고 그를 보내면서 배웅했다.

청년은 그곳에 도착해서 베이베리케옌 할멈의 딸을 만났다. 그가 아내로 삼았던 처녀와 완전히 똑같았다. 앞으로 봐도 뒤로 봐도 완전히 똑같았다. 이것을 알고는 몹쓸 사내는 수치스러웠다. 이예이예흐시트의 손자 일레 하라를 통해서 두 번 중매를 넣었다.

첫 번째에 그 처녀는 이렇게 대답했다.

---

23) 야쿠트인들이 스스로를 부르는 말이기에 앞의 말 '야쿠트인 식으로'의 반복이다.

"중매하느라 괜히 힘쓰지 마세요! 길을 떠났을 때 내 단단한 뼈들을 까마귀가 쪼아 먹도록 주었잖아요. 그렇게 해야지 어쩌겠어요! 길을 떠났을 때 내 흰 뼈들을 개가 갉아 먹게 주었잖아요. 그렇게 해야지 어쩌겠어요! 지금 당신께 시집을 가서 쇠락해 가는 운명을 맞을 생각 없어요. 가난한 삶을 살 생각도 없어요. 텅 빈 침상을 가질 의향도 없어요!"

아이이시트 알라티이르 알라 투이군의 손자를 통해서 스스로가 자신에게서 모든 악귀를 쫓아냈다. 이렇게 깨끗해져서 결점과 악덕을 물리치고 그녀의 깨끗하고 신성한 몸에, 젊고 건강한 몸에 매달렸고, 두 번째로 이레 낮과 밤을 물러서지 않고 그녀를 얻기 위해 집요하게 싸우면서 강청해서 '예'라고 말하게 했다. 사방에서 와서 처녀에게 '시집가겠어요'라는 말을 하도록 만들었다. 처녀가 '시집가겠어요'라고 말한 후에 천천히 서둘지 않고 채비를 해서 출발했다.

하라 하안의 집에 도착해서 땅의 주인 영혼이 된 샤먼 실리르게흐를 데려왔고 짓밟힌 제게 바아바, 그녀의 침, 가래를 지상에서 쓸어 버리게 했으며 그녀의 추잡한 병으로부터 정화되고 그녀가 몰고 온 죽음과 파멸을 산산이 흩어 버리고 그녀가 재앙으로 내린 한발이 땅에서 물러나게 했다. 가축들의 폐사는 끝이 났고 꽁꽁 얼어붙었던 송아지들은 건강해졌다. 둥지에 앉지 않았던 새로 온·새들에게서 새끼 새들이 태어나서 날아들기 시작했다. 옆으로 날아가면서 배고픈 새들은 숲 가장자리에 들르기 시작했고 언덕에서는 뻐꾸기가 뻐꾹뻐꾹 울기 시작했다. 대지가 물을 실컷 머금었기 때문에, 땅 깊숙이 물이 돌아오자 메말라서 바닥이 보였던 강이 흘렀고 풍성히 물이 넘쳐흐르게 되었다. 언덕과 수레바퀴에 팬 자국들로 덮였던 계곡들은 푸르러지기 시작했다.

베이베리케옌 할멈의 딸과 화해해서 결혼해 신혼의 침상에 들어가서 인간적으로 말하고 야쿠트인 식으로 대화한 후 그들은 중간세상의 아들과 딸이 되었다고들 한다. 자, '사이 사트!'[24]라고 말하면서 달게 잠을 자고 편안하게 누웠고 고향 땅의 풍요함을 물려받고 어머니 대지의 풍요로 먹고 살면서 덫을 놓고 어망을 던지며 살았다고 한다.

---

24) 뿔이 있는 가축들을 부를 때 쓰는 말이다.

슬라브니 유데유이엔

슬라브니 유데유이엔[25]이 살았는데 그에게는 후도이 호주구르[26]라는 동생이 있었다고 한다. 두 형제는 이틀 밤을 새웠다. 슬라브니 유데유이엔은 일어났다. '아마도 어두운 어머니 밤 때문에 내가 검어진 것 같군.' 이렇게 생각하고 검은 바다의 물로 몸을 씻고 세수를 했다. '아마도 푸른 어머니 밤 때문에 내가 파래진 것 같군.' 이렇게 생각해서 푸른 바다의 물로 몸을 씻고 세수를 했다. 그리고 배부르게 먹었다. 첫 여명이 밝았을 때 암컷 짐승을 잡으러 나갔고 새벽 어스름이 걷힐 때 세 살배기 들짐승을 잡으러 나갔고, 하늘이 밝아졌을 때 뿔 달린 사슴들을 잡으러 나갔다. 수컷 사슴의 코를 잡아끌고 오려고 나갔고, 곰의 뺨을 잡아끌고 오려고 나갔고, 뿔 달린 사슴의 콧구멍을 잡아끌고 오려고 나갔고, 검은 줄이 박힌 늑대의 앞발을 잡아끌고 오려고 나갔다. 그렇게 출발했다.

---

25) 슬라브니는 '영광의, 영광스러운, 영예로운, 명성이 높은' 등의 뜻이다.

26) 후도이는 '마른, 여윈, 살 빠진' 등의 뜻이다.

후도이 호주구르는 나가서 삽으로 마당을 청소하고 있었다. 하늘을 쳐다보았다. 흰 깃 두루미 일곱 마리가 날아와서 빙빙 돌기 시작했다.

"후도이 호주구르 청년! 형 슬라브니 유데유이엔은 나갔어요, 여기 있어요? 우리는 내려가서 놀고 싶어요!"

"이리 내려오세요! 내려오세요! 같이 놀아요! 우리 형 슬라브니 유데유이엔은 나갔어요!"

새들이 내려와서 가까이 왔다. 놀다가 슬라브니 유데유이엔의 불 옆에 있었던 것을 어두운 곳으로 끌어냈고 어두운 곳에 있었던 것을 불 쪽으로 끌어당겼다. 놀면서 춤을 추었다. 여명이 가시기 시작했다. 흰 깃 두루미들이 굴뚝을 통해서 날아갔다. 후도이 호주구르는 난로 앞에 앉아서 불에 입으로 바람을 불었다.

슬라브니 유데유이엔이 집으로 뛰어들어 왔다. 그동안에 그의 동생은 아무 일도 해 놓지 않았다. 암소들은 음매음매 하면서 서 있었고, 말들은 들판에서 히잉히잉 울었다. 장작을 패지도 않았고, 얼음 구멍을 파지도 않았고, 마당에 눈을 치우지도 않았고, 물을 길어 오지도 않았고, 집 안은 어둡고도 어두웠다.

"동생아, 왜 일을 하지 않았니?"

"늦잠 잤어. 늦잠을 자고 말았어!"

슬라브니 유데유이옌은 그의 목덜미를 붙잡고 매질을 했다.

"형, 제발, 빌게!"

슬라브니 유데유이옌이 그를 내동댕이쳤다.

"왜 일을 하지 않았어?"

"늦잠 잤어. 늦잠을 잤다니까!"

그들은 말과 암소들을 먹였다. 그리고 자신들도 배불리 먹었다. 잠자리에 들었다.

아침에 슬라브니 유데유이옌은 사냥하러 나갔다. 후도이 호주구르는 삽에 기대서 말뚝 옆에 서 있다가 위를 보았다. 그렇게 보니 어제의 흰 깃 두루미 일곱 마리가 빙빙 돌고 있었다.

"후도이 호주구르 청년! 형 슬라브니 유데유이옌은 사냥하러 나갔어? 아니면 집에 있어?"

후도이 호주구르는 말했다.

"우리 형은 나갔어. 나갔어! 내려와! 내려와! 어제처럼 같이 놀자!"

새들이 내려와서 가까이 다가왔다. 불 옆에 있었던 것을 어두운 곳으로 끌고 갔고, 어두운 곳에 있었던 것을 불 쪽으로 가져다 놓고 춤을 추고 놀았다. 여명이 걷히기 시작했다.

새들이 말했다.

"청년! 형에게 말하지 마! 매일 놀러 올 테니까!"

"새들아! 말하지 않을게!"

굴뚝을 통해서 새들이 날아갔다. 후도이 호주구르는 불에 바람을 불려고 누웠다. 형이 뛰어 들어왔다.

"무슨 일이냐, 왜 매일 일을 하지 않는 거냐?"

형이 말했다.

"늦잠을 잤어, 형!"

동생이 말했다.

슬라브니 유데유이옌은 그의 목덜미를 잡고 매질을 했다.

"형, 제발, 이렇게 빌게!"

동생이 말했다.

슬라브니 유데유이옌이 직접 모든 일을 했다. 둘은 배불리 먹었다. 그리고 잠자리에 들었다.

아침에 일어났다.

"또 누워 자다가 일을 하지 않았다가는! 조심해!"

이렇게 말하고 형은 나가는 척했다. 그리고 벼룩으로 변해서 집의 문에 붙어 있었다. 후도이 호주구르는 밖으로 나가서 말뚝 옆에 서서 위를 바라보았다. 또다시 흰 깃 두루미 일곱 마리가 날아와서 빙빙 돌고 있었다.

"새들아! 새들아! 내려와, 내려와! 함께 놀자."

"형 슬라브니 유데유이엔은 있어? 아니면 없어?"

"사냥하러 나갔어. 나갔어!"

그가 말했다.

"그런데 왜 마당에 어두운 곳이 있어? 왜 이렇게 집 아궁이가 어두워졌어?"

"나갔어! 나갔다니까!"

형이 나갔다고 맹세를 하자 새들이 내려왔다. 그들은 함께 놀기 시작했다. 춤을 한참 추고 있는데 서서 관찰하고 있던 슬라브니 유데유이엔이 흰 깃 두루미들 중에서 가장 멋진 한 마리한테 덤벼들었다. 나머지 여섯 마리 두루미는 굴뚝을 통해서 도망쳤다. 잡은 두루미의 깃털을 뽑자 아름다운 여자로 변했다. 이 깃털은 잎갈나무 위에 걸어 놓았다. 그리고 여인을 아내로 삼아서 함께 살기 시작했다.

어느 날 아침 슬라브니 유데유이엔이 사냥하러 나갔다.

형수가 후도이 호주구르에게 말했다.

"도련님! 제 깃털이 보이세요?"

"보여요, 형수님!"

"도련님이 깃털을 가져다 저한테 준다면 무슨 보상을 해드리면 좋을까요?"

"형수님, 내게 개구리, 딱정벌레, 벌레, 곤충, 달팽이를 잡아 주세요!"

여자가 후도이 호주구르가 원하는 것들을 자작나무 바구니에 한가득 잡아서 가져다주었다. 후도이 호주구르는 깃털을 가져다가 형수에게 주었다. 형수는 이 깃털을 입고 하늘로 날아가 버렸다.

후도이 호주구르는 이 벌레들로 온 집 안을 채웠다.

개구리가 뛸 때마다 "어이구, 아이고!" 하고 소리치면서 장난을 쳤다.

"아이야! 아이고! 재밌다!"

그러면서 돌아다녔다.

형이 들어와서 물었다.

"동생아! 이게 다 뭐냐?"

"형! 형수가 잡아 주었어!"

"무엇 때문에 잡아 주었어?"

"형수의 깃털을 찾아 주었거든! 그 보상으로 형수가 잡아 준 거야, 형!"

그리고 후도이 호주구르는 덧붙였다.

"이 태양 아래 더 좋은 무엇인가가 있으리라고 생각하지 마. 형 눈에는 정말 좋아 보이지 않아?"

형이 말했다.

"형수는 어디로 갔어?"

"깃털을 걸쳐 입고는 하늘로 올라가더니 날아갔어!"

후도이 호주구르는 매질을 당했다. 겨우 목숨만 붙어 있었다.

슬라브니 유데유이옌은 말총이 풍성하게 휘날리는 꼬리가 달린 붉은 말을 타고 천상의 세계로 출발했다. 낮은 구름으로 올라갔다. 그곳에는 특별한 것이 아무것도 없었다. 똑같은 농지에 똑같은 집들이었다. 한 바라크에서 작은 새가 요람의 어린애를 흔들기 시작했다. 슬라브니 유데유이옌이 들어갔다.

새가 놀라서 소리쳤다.

"짹짹!"

새는 이런 말을 했다.

"슬라브니 유데유이옌! 당신은 아내 뒤를 쫓아왔군요? 당신이 여기 있는 줄 알게 된다면 무슨 수를 써서라도 오지 않을 거예요! 족제비가 되세요!"

그리고 이렇게 덧붙였다.

"아이의 요람으로 몰래 들어가세요. 그리고 아이를 아프게 꼬집어요. 아이가 죽을 듯이 울 거예요. 그러면 심장이 있는 사람이라면 오겠지요."

새가 말한 대로 그는 족제비가 되었다. 아이의 요람으로 기어 들어가서 아이를 꼬집고 물었다. 아이가 소리치고 울부짖기 시작했다. 흰 깃 두루미 일곱 마리가 날아왔다. 그 여자는 내려와서 요람에서 아이를 끌어냈다.

“우리 아기야, 왜 그렇게 울었니?”

여자가 앉아서 젖을 주었다. 슬라브니 유데유이옌은 이 여자에게 덤벼들었다. 여자의 깃털을 뽑고 뜯어서 태웠다. 여자는 이를 갈며 소리를 치더니 죽었다.

불행이 그 사람에게 덮쳤다. 그는 천상의 세계로 갔다가 천상의 지배자에게 도착했다. 별님의 딸, 겁 많은 샤만카는 다리가 여덟 개인 황금 의자에 앉아서 20미터나 되는 비단 머리를 은 말뚝에 감고서 황금 빗으로 빗고 있었다.

“별님의 딸, 겁 많은 샤만카여, 당신을 데리러 왔습니다! 치장을 하고 예복을 입고 지참금 가축을 준비해 앉아서 기다리시오!”

이렇게 말하고 진피리버들 채찍의 끝으로 사랑스럽게 쓰다듬었다.

이번에는 달님을 향해 출발했다.

달님에게 도착했다. 달님의 딸은 다리가 여덟 개인 황금 의자에 앉아서 20미터나 되는 붉은 비단 머리칼을 은 말뚝에 감고서 황금 빗으로 빗고 있었다.

“달님의 딸, 달빛 샤만카여, 당신을 데리러 왔습니다! 치장을 하고 예복을 입고 지참금 가축을 준비해서 앉아서 기다리시오! 돌아오는 길에 데려가겠소!”

그러고는 진피리버들 채찍의 끝으로 사랑스럽게 쓰다듬었다.

이번에는 해님에게로 출발했다.

해님에게 도착했다. 해님의 딸, 경쾌한 걸음걸이의 샤만카는 다리가 여덟 개인 의자에 앉아 20미터나 되는 선홍빛 비단 머리칼을 은 말뚝에 감고 황금 빗으로 빗고 있었다.

"해님의 딸, 경쾌한 걸음걸이의 샤만카여, 당신을 데리러 왔습니다!"

그들은 바라볼 시간도 없이 이야기할 시간도 없이 곧장 떠날 채비를 했다. 일어나서 출발했다. 여든 마리의 말 떼를 몰고 아흔 개의 암소 우리에서 암소들을 몰고 떠났다. 달님의 딸에게 도착했다. 식량과 재산, 가축을 모두 챙겨서 출발했다. 모두가 함께 떠났다. 별님의 딸에게 도착했다. 식량과 재산, 가축을 모두 챙겨서 유목하러 떠났다. 슬라브니 유데유이옌은 세 명의 아내와 함께 돌아다녔다.

그의 들판에 도착했다.

"내게는 여우를 잡는 활 덫이 있었소."

이렇게 말하고 앞으로 먼저 달려 나갔다.

죽은 아내를 꺼냈다. 그녀를 길 한가운데로 데려가 자기 옷을 입히고 침상을 펴서 베개와 함께 자기 안장을 놓고 눕히고 이불로 덮었다. 그리고 말을 잎갈나무에 묶어 놓고 몸을 숨겼다.

아내들이 경쾌하게 말을 타고 달려왔다.

“에이, 친구여!”

서로서로의 얼굴을 바라보면서 말했다.

“우리 남편이 죽은 채로 누워 있어.”

처녀들은 울면서 서로에게 말했다.

해님의 딸, 경쾌한 걸음걸이의 샤만카가 차례로 물었다.

“별님의 딸, 겁 많은 샤만카야! 몇 년 전에 죽은 사람을 살릴 수 있니?”

“3년 전에 죽은 사람을 감정 없이 누워 있는 사람처럼 만들었어.”

이번엔 달님의 딸에게 물었다.

“몇 년 전에 죽은 사람을 살릴 수 있니?”

“3년 전에 죽은 사람을 방금 전에 잠든 사람처럼 만들었어.”

해님의 딸이 말했다.

“3년 전에 죽은 사람을 살려 내서 바로 펄펄 뛸 수 있게 만들게. 자, 그렇게 만들었지!”

별님의 딸이 세 번 건너뛰니 아내는 감정 없이 누워 있는 사람처럼 되었다. 달님의 딸이 세 번 건너뛰니 아내는 자는 사람처럼 되었다. 해님의 딸이 세 번 건너뛰었다. ‘잠을 잤나? 감정이 없었나? 아주 좋구나!'라고 말하면서 슬라브니 유데유이엔의 아내가 일어났다.

여자들은 '우리 남편인 줄 알았더니 여자였구나'라고 생각했다. 그리고 깜짝 놀라서 수치스러워졌다. 그래서 천상의 세계로 도망쳤다. 그리고 재산도, 식량도, 가축도 중간세계에 모두 남겨 두었다.

별님의 딸이 말했다.

"에이, 우리의 재산을 두고 왔다니, 아깝구나!"

해님의 딸이 말했다.

"절대로 돌아가지 않겠어! 그 가축은 우리 아버지의 것이고 겨우 한 살배기 새끼일 뿐이야! 이것 때문에 돌아가지는 않을 거야!"

그리고 천상의 세계로 도망쳤다.

슬라브니 유데유이엔은 이 처녀들의 재산을 가지고 아내를 살려 내고 아이가 든 요람을 안장에 앉혀 앞에 가축들을 몰고 고삐를 잡고 옆구리에 꾸러미를 매달고 자기 고향, 자기 민족, 편안한 집에 도착했다.

그는 오늘날까지 부와 만족 속에서 살고 있다고 한다.

자야치 호보스트

자야치 호보스트27)라는 이름의 한 노인이 살았다. 그에게는 아이이이28) 종족 출신의 아내가 둘 있었다. 늙은 아내의 이름은 아이이이 자보로노크였고 젊은 아내의 이름은 아이이이 프텐치크였다.

추위가 몰아쳤던 어느 겨울, 집에 먹을 것이 떨어졌다. 그들은 어디에서도 음식을 빌릴 수가 없는 사람들이었다. 그러자 노인은 아내들에게 노래로 말했다.

어이, 두 명의
어이, 아이이이족의 딸들이여
어이, 내 아내들이여
어이, 나를 밖으로
어이, 끌어내시오
어이, 눈 더미 위에
어이, 눈 위에

---

27) '토끼 꼬리'라는 뜻이다.

28) 야쿠트족 구전문학에서 인간의 수호자로 알려진 신들을 말한다.

어이, 그 위에
어이, 놓으시오
멋진 청년이 되겠소,
사냥물을 가지고,
어이, 돌아오겠소!

그의 아내들, 아이이이족의 딸들이 노인을 밖으로 끌어내서 그를 눈 더미 위에 올려놓았다. 그러자 노인은 이렇게 노래했다.

내 눈보라여, 휘몰아쳐라,
내 눈보라여, 몰아쳐라.

이때 지독한 바람이 불어와서 노인을 들어 올려서 어디론가 데려갔다. 바람은 노인을 숲으로 데려갔다. 그를 고목에 걸어 놓았다. 노인은 거기에 웅크린 채로 누워 있었다.

갑자기 한밤중에 큰사슴 한 마리가 다가와서 옆에 누웠다가 잠이 들었다. 우리의 사냥꾼은 몰래 가까이 가서 큰사슴의 귀로 기어 들어가서 뇌막을 뚫었다. 그러자 사슴이 죽었다. 노인은 큰사슴 위로 기어 올라가 앉아서 이런 노래를 불렀다.

내 눈보라여, 휘몰아쳐라,

내 눈보라여, 몰아쳐라.

이때 지독한 바람이 불어와서 노인을 들어 올려 데려갔다. 바람은 그를 집으로 데려갔다.

노인이 소리쳤다.

"집으로 들어가게 해 주시오."

아내들이 나와서 그를 들어오게 했다.

노인이 아내들에게 말했다.

"내가 큰사슴을 죽였소. 나가서 큰사슴을 가져오시오. 동쪽 숲가에 누워 있다오."

그러자 아내들은 도끼와 칼을 들고 큰사슴을 가지러 나갔다. 도착해서 보니 큰사슴은 얼어 있었다. 내장만 따뜻했다. 아무리 해도 고기를 떼 낼 수가 없어서 내장 중에서 가장 좋은 부위만 가져갔다. 아내들은 큰사슴 내장을 구멍을 메운 우유 단지에 넣고 펄펄 끓였다. 끓인 후에 기름을 떼어 내어 구석에 놓아두었다.

어리석은 노인은 그 기름을 마시러 뛰어갔다. 자작나무 그릇 옆에 앉아서 몸을 구부리고 마시기 시작했다. 몇 번을 삼켰는데 기름이 머리카락에 붙었고, 노인은 밑으로 떨어져서 기름에 빠져 버렸다. 손도 발도 움직일 수가 없어서 그렇게 죽었다.

아내들은 단지에서 내장을 꺼내서 식힌 다음, 기름을 불에 던졌다. 그 나머지의 윗부분은 아이이이족의 언니가 마시고 아랫부분은 아이이이족의 동생이 마셨다. 삶은 내장을 먹을 때 문득 생각이 나서 보니 노인이 없었다.

아이이이족의 언니가 말했다.

"우리 남편은 어디로 갔지?"

그러자 동생이 대답했다.

"내가 어떻게 알아요?"

둘은 일어나서 노인을 찾으러 나갔다. 여기저기 이곳저곳을 찾아보고 헤쳐 보았지만 찾을 수가 없었다.

그때 아이이이족의 동생이 말했다.

"깜빡 잊을 뻔했네! 얼마 전에 내가 기름을 마실 때 내 목에 무엇인가가 걸렸어. 어쩌면 그때 남편을 한꺼번에 삼켜 버렸다면 어떻게 하지?

이 말에 언니가 대답했다.

"정말로 삼켰어? 그렇다면 그대로 둘 수밖에."

몇 달이 흘렀다. 아이이이족 동생의 배가 불러 오기 시작했고 점점 더 무거워졌다. 일정한 시간이 되었고 예정된 날이 왔다. 그리고 몸에서 해산의 고통이 시작되었다. 아이이이족의 언니는 숲에서 자작나무를 베어 왔고 말뚝을 박았다.[29] 그리고 아이이이족의 동생은 출산을 했다. 아들을 낳았다고 한다.

29) 옛날에 야쿠트족은 출산이 가까워지면 말뚝 두 개를 박았는데, 여자는 무릎을 꿇고 서서 겨드랑이를 말뚝에 기대고 해산을 했다. 무릎 아래에는 부드럽고 좋은 풀을 깔았다.

테엘레이 할멈

옛날에 우리 야쿠트 땅에서 사람들과 가축이 서로 믿고 살았을 때 테엘레이 할멈이 살고 있었다. 할멈에게는 버섯 딸, 황회색 강아지, 다섯 마리 암소, 거짓말쟁이 여우 이웃이 있었다.

어느 날 여우가 테엘레이 할멈 집에 잠을 자러 왔다. 테엘레이 할멈이 말했다.

"내 이웃아, 거짓말쟁이 여우야. 옛날이야기 좀 해 줘."

이 말에 여우가 대답했다.

"암소 한 마리를 주면 얘기해 주지."

"그럼 줄게. 이야기 좀 해 줘."

할멈이 말했다.

그러자 여우가 말했다.

테엘레이 할멈은 반듯이 누워 있고,
버섯 딸은 엎드려 있고,
황회색 강아지는 웅크리고 있고,
여덟 말뚝은 각각 있고,
대들보는 구부러져 있고,

다섯 암소는 덤으로 있고.

여우는 이렇게 이야기했다. 그 밤에 이야기는 그렇게 끝났다.

그런 다음, 다음 날 저녁에 암소 한 마리를 몰고 가서 일을 마친 후 여우가 또 왔다.

"자, 이웃아. 옛날이야기 좀 해 줘."

할멈이 말했다.

이 말에 여우는 또다시 어제 저녁에 했던 이야기를 했다.

테엘레이 할멈은 반듯이 누워 있고,
버섯 딸은 엎드려 있고,
황회색 강아지는 웅크리고 있고,
여덟 말뚝은 각각 있고,
대들보는 구부러져 있고,
다섯 암소는 덤으로 있고.

이틀 밤을 지낸 후 사흘째 저녁에 또다시 여우가 왔다. 할멈은 또다시 말했다.

"이 밤에는 옛날이야기를 또 해 주지 않으련?"

"이야기해 줄게요. 해 줄게요. 암소 한 마리를 주신다면 해 줄게요."

여우가 말했다.

테옐레이 할멈은 반듯이 누워 있고,

버섯 딸은 엎드려 있고,

황회색 강아지는 웅크리고 있고,

여덟 말뚝은 각각 있고,

대들보는 구부러져 있고,

다섯 암소는 덤으로 있고.

이렇게 말하고 세 번째 암소를 끌고 집으로 갔다.

그런 다음 저녁에 여우는 또다시 돌아왔다. 테옐레이 할멈은 말했다.

"우리에게 옛날이야기를 해 줘."

이 말에 여우가 대답했다.

"암소 한 마리를 주면 이야기해 줄게요."

"그래, 주마, 주마."

테옐레이 할멈은 반듯이 누워 있고,

버섯 딸은 엎드려 있고,

황회색 강아지는 웅크리고 있고,

여덟 말뚝은 각각 있고,
대들보는 구부러져 있고,
다섯 암소는 덤으로 있고.

이렇게 말하고 네 번째 암소를 끌고 갔다.

여우는 다섯 번째 날 저녁에 또다시 왔다.

다섯 번째 날 저녁에 와서는 말했다.

"옛날이야기를 해 주지 않을 거예요."

그러자 할멈이 물었다.

"왜? 왜 옛날이야기를 해 주지 않는 거지?"

"이야기해 줄게요. 해 줄게요. 물론 암소 한 마리를 주시겠죠!"

여우는 또다시 암소 한 마리를 달라고 설득을 해서 이야기하는 것에 동의했다.

테엘레이 할멈은 반듯이 누워 있고,
버섯 딸은 엎드려 있고,
황회색 강아지는 웅크리고 있고,
여덟 말뚝은 각각 있고,
대들보는 구부러져 있고,
다섯 암소는 덤으로 있고.

여우는 이렇게 이야기를 하고 다섯 번째 암소를 끌고 갔다.

그 밤에 테엘레이 할멈은 암소 거름으로 창문과 연통을 막고 자기 집을 차게 얼렸다.

아침에 버섯 딸이 일어나서 불을 지피려고 했는데 불이 붙지 않았고 밖으로 나가려고 했지만 문이 열리지 않았다. 그렇게 테엘레이 할멈, 버섯 딸, 황회색 강아지는 모두 죽게 되었다.

테엘레이 할멈의 재산과 재물을 가지고 거짓말쟁이 여우는 오늘날까지도 살고 있다고 한다.

늑대와 노인

옛날 어느 곳에 한 노인이 살았다. 이 노인은 혼자였다. 아이도 없었고 아내도 없었다. 아무것도 없어서 불쌍한 노인은 가까운 이웃 사람들에게 얻어먹고 살았다. 노인의 집 가까운 곳에 사는 대가족에게서 노인은 때때로 가벼운 발굽들을 얻어다가 등에 지고 집에 가져와서 그것으로 살아가려고 했다.

한번은 노인이 그 이웃한테서 어렵게 얻은 모든 것을 넣은 자루를 등에 지고 꼬부라져서 지팡이를 짚고 가고 있는데 뒤에서 누군가가 따라왔다. 노인은 누군지 알 수가 없었다. 그때 갑자기 무엇인가가 쿵 하기 시작했고 노인은 짐이 든 자루와 함께 땅바닥을 데굴데굴 굴러 버렸다. 그렇게 누워서 보니, 노인 위로 배고픈 커다란 늑대가 몸을 구부리고 서 있었다. 노인은 깜짝 놀랐다.

"이렇게 끝장이구나. 잡아먹혀서 이제 죽겠구나."

노인은 이렇게 말하고 늑대에게 부탁했다.

"검은 숲의 맹수여, 나는 당신의 긴 오솔길을 따라 다니지 않았고 살면서 당신의 넓은 길을 한 번도 밟지 않았다오. 나를 잡아먹지 마시오. 나를 먹는다고 해도, 나를 잡아먹는다고 해도 큰 이익도 없지 않소. 제발 부탁이오!"

옛날에 사람과 동물들이 막 나타났을 때, 사람과 동물들은 똑같이 말했다. 네발짐승들은 사람들이 말하는 것처럼 이야기했다. 그래서 늑대와 노인은 두 사람처럼 이야기를 하기 시작했다.

늑대가 노인에게 말했다.

"나는 당신을 지금 즉시 잡아먹을 거요. 아홉 마리의 말을 타고 아홉 명의 가장 훌륭한 기사들이 벌써 아흐레째 나를 죽이려고 뒤쫓고 있소. 이제 거의 쫓아와서 곧 나를 공격할 것이오. 그래서 나는 당신을 잡아먹어야겠소. 힘을 내서 도망가야 하니까!"

불쌍한 노인이 말했다.

"잠깐만, 그렇게 말하지 말고 제발 나를 먹지 마오!"

늑대가 말했다.

"만약, 당신이 나를 죽이려고 쫓아오고 있는 아홉 명의 기사들로부터 구해 줄 수 있다면 놓아주고 싶소. 그런 선행과 은혜를 베푼다면 나는 당신을 잡아먹지 않겠소."

노인이 말했다.

"오, 도대체 뭐라고 말하는 거요? 정말 내 힘이 그 아홉 명의 기사들보다 더 세단 말이오? 내가 그들을 속이고 당신을 구할 수 있을 정도로 내가 그들보다 기지가 있단 말이오?

당신을 구출해 낼 수 있을 정도로 내가 당신보다 더 힘이 세고 내 다리가 당신의 다리보다 더 날쌔단 말이오? 당신은 불가능한 이야기를 하고 있구려. 제발 나를 먹지 마시오. 부탁이오!"

늑대가 노인에게 말했다.

"그렇다면 나는 바로 당신을 잡아먹어 버리겠소! 만약 구해 주려고 노력한다면 반드시 구해 주어야만 하는 거요. 어째서 구하지 못한단 말이오?"

노인이 말했다.

"그렇다면 당신이 직접 어떤 식으로 내가 당신을 구할 수 있는지 조언해 보시오."

"만약 당신이 선으로 선을 갚는다면 조언을 해 주겠소. 이렇게 해 보시오. 나를 당신의 자루에 넣고 묶어 등에 지시오. 나를 쫓아오는 사람들이 와서 캐물으면 '늑대를 모른다'고 말하면서 부정하시오."

"좋소. 그렇게 합시다."

노인은 이렇게 말하고 어깨에서 자루를 내려서 끈을 풀고 늑대 앞에 활짝 열었다. 늑대는 자루 안으로 기어 들어가서 허리를 꼬부리고 굴러 이리저리 돈 다음 자리를 잡았다. 배고픈 늑대 안에 무엇이 있겠는가? 늑대는 30킬로그램도 나가지 않았던 것이다. 그러자 노인은 자루를 묶었고 가볍게 자루를 등에 지고 지팡이를 짚고 계속 걸어갔다. 이때 얼마 안 가서 아홉 마리의 말을 타고 늑대를 뒤쫓던 사람들이 노인에게 물었다.

"에이, 노인장. 늑대를 보지 못했소? 어느 쪽으로 갔소? 벌써 아흐레를 뒤쫓고 있다오!"

노인은 마치 그들에게 화가 난 것처럼 말했다.

"아니요, 늑대를 보지 못했소. 나같이 가난에 허덕이며 겨우 지팡이를 짚고 다니는 사람이 늑대나 그 무엇을 볼 수 있겠소?"

"에이, 그렇군요. 늑대가 우리 뒤에 있던 마른 나무 뒤에 숨은 것을 보지 못한 모양이군. 뒤로 돌아가는 것이 낫겠소!"

이렇게 서로서로 말하면서 말을 되돌려 뒤로 달려갔다.

그 사람들이 보이지 않게 되자마자 노인은 짊어진 자루를 땅으로 내리고 늑대를 풀어 주며 말했다.

"자, 당신을 죽음으로부터 구해 주었소. 이제 선을 선으로 갚으시오."

늑대는 더 배가 고팠고 화를 냈다가 약이 올라 노했다가 했다.

"평생 네 발 달린 짐승이 행한 선행을 두 발 달린 짐승은 그냥 그렇게 인정하는 법이 없었소! 아마도 네발짐승은 이것보다는 두발짐승에게 더 많은 선을 행했을 거요! 그런데 결코 인정하지 않았소. 그래서 나는 당장 당신을 잡아먹겠소!"

노인은 괴로워서 사정하기 시작했다.

"먹지 마오. 제발 나를 먹지 마오! 무슨 죄가 있다고 나를 잡아먹으려는 거요?"

이 말에 늑대가 대답했다.

"잡아먹겠다. 지금 바로 잡아먹겠다."

그러자 노인이 말했다.

"아니오. 차라리 우리가 송사를 합시다. 사람들이 판단하게 합시다. 내가 당신에게 선을 행한 후에, 내가 당신의 밝은 영혼을 구해 준 후에 당신은 나를 모욕했소. 자, 갑시다. 만나는 사람에게 판단해 달라고 부탁합시다!"

"좋소. 그렇게 합시다. 사람 재판에 갈 수도 있지요."

이렇게 말하고 늑대는 노인과 함께 갔다. 그렇게 가는데 그들이 가는 길 맞은편에서 매우 존경받을 만한 늙은 수캐가 고개를 숙이고 걸어오고 있었다.

"자, 당신은 수많은 겨울을 지내고, 수많은 슬픔과 고통을 맛본 노인 같구려. 잠깐 멈춰서 우리를 판단해 주시오. 우리는 합의를 못 한 채 이렇게 가고 있다오. 이 늑대가 나를 모욕했다오."

노인은 이렇게 말하고 무슨 일로 논쟁을 하고 있는지 상세히 이야기했다.

수캐는 아무 말 없이 잠시 생각하더니 말했다.

"그렇군요. 그렇게 된 거군요. 네발짐승이 행한 것을 두발짐승은 결코 인정하는 법이 없지요. 여기 그것에 대한 예가 있다오. 이렇게 나는 고통 속에서 걷고 있다오. 오래전에 아이들이 자주 죽었던 한 가족이 살았다오. 그 가족은 나를 아이를 위한 이미이[30]로 삼아서 아이와 함께 키웠다오. 그 아이가 커 가고 있을 때, 그의 부모가 죽었다오. 그때 나는 위에서 나는 새들도 놓치지 않고, 밑에서 뛰는 네발짐승들도 놓치지 않는 빠른 발의 사냥꾼이었지요. 그래서 여러 날짐승들과 여러 들짐승들을 잡아서 그 아이를 먹이면서 키웠고 성장시켰어요. 아이가 어른이 된 후에 가정을 꾸렸어요. 나는 검은 숲의 맹수들을 사냥하고 빼어난 네발짐승들을 사냥해서 그를 부자로 만들었고 그의 가족을 풍족하게 해 주었죠. 먹을 양식도 입을 옷도 생겨났어요. 그러자 그는 나를 두고 '이제 노쇠해졌으니 쓸모가 없어졌구나'라고 결정하고는 먹고 마실 것을 주지 않았어요. 가족들은 그와 한패가 되어 모두가 나를 때리고 집에 거두지 않았어요. 그는 내 선행

30) 수호자를 뜻한다.

도 인정하지 않았어요. 처음에 나는 그를 사람으로 만들었고, 그런 다음 부유한 가정을 이루게 했는데 이것을 인정하지 않았고 나를 보호해 주지도 나를 소중히 여기지도 않았어요. 그래서 그에게 모욕을 당한 나는 영원히 그와 헤어져서 발길 닿는 대로 떠도는 중이라오. '내게 행운이 있다면 무엇이라도 걸리겠지, 무엇인가라도 또 만날 수 있는 곳으로 가야겠다. 어쩌면 죽을 곳에 이를지도'라고 생각했다오. 사실 두발짐승들은 네발짐승의 선을 인정하지 않는다오. 늑대가 사실을 말하는 것이오."

이렇게 말하고 수캐는 천천히 옆으로 지나갔다.

"내가 옳은 것으로 판명났다. 이제 잡아먹겠다. 쓸데없는 말은 하지 마라!"

이렇게 말하고 늑대는 달려들어 노인을 잡아먹으려고 했다.

노인이 또다시 부탁했다.

"검은 숲의 맹수여, 당신은 나이 지긋한 사람이고 수많은 온갖 것을 알고 있소. 사람들은 왕세자에게 소송한 후 부락 지도자에게 항소하곤 합니다. 말하자면 수캐는 우리에게 마치 왕세자와 같았으니 이제는 부락 지도자에게 항소합시다. 가서 만나는 사람에게 물어봐서 우리 논쟁을 판단하게 합시다. 어떤 것이라도 두 번 하게 마련이잖소!"

"좋소, 그렇게 합시다. 또 한 번 판단하게 합시다."

또다시 둘은 걸어갔다. 그렇게 가는 도중에 아주 훌륭한 한 장소에서 아주 노쇠하고 몹시 마른 붉은색 말 한 마리가 힘겹게 풀을 뜯고 있었다. 그 말한테 다가가서 노인이 말했다.

"자, 제요쇼교이[31]의 진정한 자손이여. 우리는 합의를 못 하고 가고 있는 중이라오. 당신은 수많은 고통을 맛본 아주 나이 많은 늙은이니 우리의 논쟁을 판단해 주시고 우리 이야기를 평가해 주시오. 이 늑대가 나를 모욕하려고 한다오!"

이렇게 말하고 그들의 논쟁에 대해 말에게 자세하게 이야기했다.

말은 서서 그 이야기를 다 듣고 이렇게 말했다.

"이 늑대가 하는 말이 옳소. 두발짐승은 네발짐승의 선행을 인정하지 않는다오. 내가 행한 선행도 내 주인은 인정하지 않았다오. 주인은 내가 망아지였을 때 나를 발견했지요. 내가 두 살이 되자마자 그는 나를 타고 수없이 돌아다녔고 수없이 방랑을 했고 수많은 벌이를 했으며 나는 더없이

---

31) 야쿠트족 전승에서는 제요쇼교이라는 신이 인간에게 말을 선사했다고 믿는다.

많은 이익을 그에게 가져다주었다오. 내가 한창때는 가축들 중에서 짐 무게로 나와 비견할 것이 없었고 달리기로도 일등이었소. 나는 그 사람을 부자로 만들었고 가족을 존경받게 했다오. 그는 지금 나와 함께 열다섯 마리의 말을 소유하고 있다오. 이 말들 모두와 함께 나에게 방목지에서 풀을 뜯게 했다오. 그런데 거기서는 이빨 튼튼하고 입술이 두터운 말들이 나같이 늙고 불쌍한 말을 발로 차서 끝으로 밀어내고 가장 좋은 건초들을 나보다 먼저 먹어 치운다오. 그래서 닳아 빠진 이빨과 입술을 가진 노쇠한 나는 먹을 것이 없었고 이렇게 눈을 핥으며 걸어 다녔다오. 주인은 나를 멸시하면서 나를 따로 먹이지 않고 죽어 가게 했다오. 모욕감과 슬픔 때문에 주인과 이별하고 이렇게 아무것이나 파서 먹고 있다오. 죽기가 싫어서. 늑대가 옳은 말을 하는 거요. 네발짐승이 아무리 선행을 해도 두발짐승은 인정을 하지 않는다오."

그래서 늑대는 더욱 화가 나서 곧 노인을 잡아먹으려 했다.

노인이 말했다.

"잡아먹지 마오. 먹지 마오. 나는 결백한 사람이오."

그렇게 빌면서 말했다.

"모든 것은 세 번 하는 법이니 소송도 세 번 합시다. 처음에 왕세자에게 소송했지만 실패했고 두 번째로는 부락 지도자에게 했는데도 실패했으니 세 번째로 시(市)재판소에 소송해야겠소. 그러니 당신은 내 말을 받아들여야만 하오. 만나는 사람에게 다시 한번 물어서 우리를 판단하게 합시다."

늑대는 동의를 하고 한마디도 하지 않고 걸어갔다. 그렇게 가는데 그들 맞은편에서 검은 목털미에 가슴에 얼룩점이 있고 이마에 하얀 점이 있는 흑갈색 여우가 걸어오고 있었다.

"검은 숲의 여우님, 검은 숲의 가장 현명한 님이여, 맹수들 중에서 가장 훌륭한 족장이여, 멈춰서 판단을 해 주시오. 우리는 큰 문제를 가지고 가고 있다오."

노인은 이렇게 말하고 맨 처음부터 무슨 일이 있었는지 모든 사실을 말하고 모든 것을 이야기했다.

"자, 이것을 사리를 밝혀 주시고 판단해 주시오."

노인이 부탁했다.

여우가 앉아서 비웃었다.

"이런, 이런… 모두 거짓을 말하고 있군요. 맨 처음부터 모든 것이 거짓이오. 이렇게 커다란 늑대가 그렇게 작은 자루에 들어가겠습니까? 늑대는 거기에 들어갈 수가 없어요. 무슨 얼토당토않은 말을 하는 거요? 그런 말은 하지도 마시오. 이것은 맨 처음부터 거짓말이오!"

노인이 늑대와 함께 말했다.

"진짜요, 진짜. 어서 판단을 해 주시오! 정말로 자루에 들어갔었소."

그들이 떠들기 시작했다.

여우는 믿지 않았다.

"거짓말 좀 집어치우시오!"

이렇게 말한 후 지나가려고 했다.

이 말에 노인이 말했다.

"자, 제발 가만히 판단 좀 해 주시오! 그렇게 말하지 마시오. 검은 숲의 족장이여, 지금 늑대가 나를 잡아먹겠다고 으르고 있단 말이오. 합의를 못 본 우리에게 사리를 밝혀 주시오!"

여우가 말했다.

"만약 그 말이 사실이라면, 늑대가 이 자루에 들어가서 증명해 보시오. 들어가겠소? 아니면 들어가지 않겠소? 내 눈으로 직접 봐야만 믿겠소!"

"자, 좋소. 보여 줍시다. 여우가 결코 믿지를 않으니 사실을 보여 줍시다."

늑대가 노인과 함께 말했다.

노인이 자루를 열자 늑대가 들어가서 몸을 웅크리고 누웠다. 그리고 노인은 자루를 단단히 묶었다.

"자, 당신은 믿지 않았지만 정말로 들어갔잖소!"

노인이 말했다.

여우는 웃으면서 말했다.

"뭘 그리 서 계시오? 자루에 누워 있는 늑대를 어서 빨리 더 세게 때리고 할 수 있는 대로 힘차게 발로 차시오!"

그때서야 노인은 정신이 들었다. 이 말을 듣자마자 온 힘을 다해 늑대를 발로 차고 온 힘으로 때리기 시작했고 늑대는 죽었다.

여우는 노인에게 말했다.

"자, 이 늑대의 가죽을 벗기시오. 늑대 고기는 보상으로 내게 주시오. 가죽은 노인장이 가지시오. 서두르시오!"

노인은 자루를 풀어서 늑대의 가죽을 벗겼고 고기는 여우에게 던져 주었다.

여우가 말했다.

"이렇게 난 당신을 죽음에서 구해 주었고 이제 당신은 옷을 가지게 되었고 나는 고기를 얻었소."

그런 다음 여우가 늑대 고기를 먹기 시작했을 때 노인은 지팡이로 여우의 네 발을 쳐서 부러뜨렸고 죽도록 때렸다.

이후에 노인은 자신에게 선행을 했던 여우의 가죽과 늑대를 팔아서 죽기 전까지 먹고 살았고 그런 다음 숨을 거두었다고 한다.

영리한 개

대지주 집에서 평생을 일한 세멘 노인이 죽었다. 그의 아들인 인노켄티와 니콜라이는 고아가 되었다. 아들들은 아버지 대신에 대지주 집에서 머슴으로 일하기 시작했다. 그렇게 살다가 어른이 되자 극악한 지주의 폭압을 견디지 못하고 둘은 도망쳤다. 미지의 산에 도착해서 거기에 집을 짓고 살기 시작했다. 둘은 유명한 사냥꾼이 되어 사슴 콧구멍을 잡고 곰 엉덩이를 끌고 다녔다. 매우 잘 살았다.

어느 날 한번은 둘 중 형인 인노켄티가 사냥감을 쫓다가 멀리 가게 되었고 모르는 산에까지 닿게 되었다. 산 밑으로 가는데 그 앞 땅 위에 반지처럼 무엇인가 둥그런 것이 놓여 있었다. 인노켄티는 놀라서 반지를 막대기 끝으로 들어 올렸다. 그것은 바로 뱀이었고 뱀은 그의 목을 휘감고 말했다.

"이제 나는 곧장 너의 귀를 통해 들어가서 이리저리 다닐 테다."

뱀은 야쿠트인처럼, 사람처럼 말했다.

"저리 가."

"그러면 잡아먹겠다."

인노켄티는 이렇게 말했다.

"잡아먹지 마라. 차라리 그렇게 이리저리 다녀라. 좋다."

뱀은 그의 귀를 통과해서 곧장 이리저리 다닌 후에 말했다.

"자, 알겠느냐?"

이 말에 인노켄티가 말했다.

"아니, 아무것도 모르겠던데."

그러자 뱀은 인노켄티에게 이야기했다.

"나는 옛날에 마법사였다. 그런데 더 힘이 센 마법사를 만났다. 그 사람이 나한테 '산의 주인-귀신인 뱀이 되어라!' 라고 저주했다. 그래서 이렇게 누워 있게 되었다. 지금부터 너는 새와 짐승의 목소리를 알아듣게 될 것이다."

작은아들 니콜라이는 집에 도착해서 형을 기다리기 시작했다. 하늘이 어두워졌다. 형은 오지 않았다. 소리 질러 불러 보고 길을 잃은 형이 듣고 찾아오리라 생각하고 나무를 두드려 보았다. 나무 두드리는 것에 지쳐서 집에서 기다리기 시작했다. 기다리고 기다려서 그의 등이 마비될 정도가 되자 형이 돌아왔다.

"사냥감을 많이 찾으려고 너무 멀리까지 갔단다."

형은 뱀에 대해서는 아무것도 이야기하지 않았다. 그것으로 모든 것이 끝났다. 매일 인노켄티는 새와 짐승들의 목소리를 알아들으려고 노력했지만 무슨 말을 하는지 결코 알

수가 없었다. '어쩌면 뱀이 나를 속였을 수도 있지!' 하고 생각했다.

형제에게는 강아지 두 마리가 있었다. 어느 날 니콜라이는 개들이 슬프게 짖는 것을 들었다. 인노켄티의 귀에는 수캐가 암캐에게 다음과 같이 말하는 소리로 들렸다.

"처녀야, 너는 무슨 소리를 알아들을 수 있어? 나는 알 수 있어. 우리 주인들이 머슴살이했던 대지주가 여기서부터 한 10킬로미터 떨어진 곳에서 살고 있어. 대지주의 아들 셋은 매우 힘이 세고 발끈하는 성격인 데다 강도들이지. 그 사람들이 곧 우리 주인이 모아 둔 재산과 털가죽들을 훔치러 여기로 온단다. 아마 자정쯤에 나타날 거야. 우리가 죽을지언정 이 창고 셋을 잘 지켜야 해."

암캐가 말했다.

"네가 남자니 네가 지켜."

앉아서 이 이야기를 들은 인노켄티는 개들을 마당에 풀어 놓았다. 수캐가 먼저 뛰어나갔고 인노켄티는 나가기 싫어했던 암캐를 쫓아냈다. 인노켄티는 아무것도 먹지 않고 계속 한숨만 쉬었다. '내가 병이 난 것 같구나' 하고 생각했다.

형제는 침상에서 서로에게 다리를 뻗치고 자고 있었다. 자정에 갑자기 개들이 짖기 시작했다. 사람들이 개들을 뒤

꽃자 사냥꾼 스키[32]가 삐걱거렸다.

니콜라이가 말했다.

"사람들이 왔나 봐."

인노켄티는 말했다.

"사람들이 아니라 대지주의 강도 아들들이 강탈하러 온 거야."

형제는 문을 잠그고 앉아 있었다. 문 세 개를 돌아오는 소리가 들렸고 수캐가 짖고 있었으며 한 문에서 가끔 암캐가 짖는 소리가 들렸다. 갑자기 한 사람이 '악' 하고 소리를 질렀다. 개가 문 것이었다. 이후에 정적이 흘렀다.

하늘이 밝아졌을 때 형제가 나와서 보니 문 옆에 몸을 웅크리고 암캐가 자고 있었고 수캐는 어디에도 없었다. 스키를 탄 사람들의 발자국이 있었는데 길을 잃고 헤매다가 멀어져 간 것 같았다. 창고 문은 그대로였다. 놀란 형제들은 그날은 아무 데도 나가지 않았다. 그런데 수캐는 집을 나간 후 사라져 버렸다.

이틀이 지나서 개가 문을 긁어 대는 소리가 났다. 문을 열어 보니 개가 배가 홀쭉하고 뼈에 가죽이 붙은 채로 매우 피곤하고 지친 모습으로 돌아왔다. 인노켄티는 개를 배가

---

32) 사냥꾼 스키는 밑에 가죽이나 털을 덧대어 속도가 아주 빨랐다.

부르도록 먹였다.

수캐가 배를 채운 후에 암캐에게 이야기하는 소리가 들렸다.

"주인이 들더라도 너는 암캐들 중에서도 가장 나쁜 암캐라는 사실을 말해야겠어. 한 개의 문도 너는 지켜 내지 못했잖아. 내가 형의 목을 물려고 달려들었을 때 그들 중의 가운데 형이 내 다리를 칼로 찔렀어. 막둥이 아들한테 달려들었을 때 그들 중의 큰형이 화살로 내 목덜미에서 털을 뜯었지. 내가 막둥이의 다리 힘줄을 끊자 그는 이미 걸을 수가 없었어. 그의 형제들은 차례로 그를 부축해서 갔어. 나는 그들을 따라갔어. 아주 천천히 가고 있었지. 그래서 숲의 돌출부를 곧장 지나서 발자국을 따라 그들의 집에 그들보다 먼저 도착했어. 내가 눈 무더기에 누워 있을 때 집에서 여자가 나왔고 그녀와 함께 집으로 들어갔어. 아주 부자에 존경할 만한 가족이었지. 아궁이 앞에 기어올라 불을 쬐면서 앉아 있었는데, 안주인인 노파가 아궁이를 불쏘시개로 헤집으면서 주위를 불빛으로 온통 환하게 비추더니 나를 쳐다봤어. 그 후에 '귀가 생긴 후로 듣지도 못하고 눈이 붙은 이래로 보지 못한 곳에 가장 훌륭한 개들이 태어나 산다고들 하더구나. 얘야, 머리뼈를 가져다 그에게 주렴.' 이렇게 노파가 말했어. 여자가 선반에 놓여 있던 자작나무 바구니를 가져다가

낡은 자작나무 그릇에 뼈를 놓아 주었고 나는 뼈를 갉아 먹기 시작했어. 그러자 노파가 '머리뼈를 갉아 먹으면 목에 걸려서 3년 후에 죽으리라'라며 저주를 퍼부었어. 다음 날 청년들이 돌아왔어. 집으로 데려온 아들을 보고 노파는 울음을 터뜨렸어. 청년의 바지를 찢어서 벗겼어. 그런 다음 '개들을 끌어내!'라고 말했어. 주인의 개들과 함께 나왔을 때 젊은 여자가 내 옆구리를 발로 찼어. 나는 그 여자를 저주하면서 '옆구리가 아플 것이다!'라고 말했어. 문 앞에 누워서 신에게 비는 소리를 들었어. 그 후에 한 청년의 목소리가 들렸어. '이 개는 악귀가 틀림없어. 쏘아 죽여야 해!'라고 말했어. 이 말을 듣고 나는 여기로 도망쳤어. 한 청년이 뛰어나와서 화살을 쏘았지만 빗나갔지. '무엇을 또 알아냈냐?'고 물어봐야지! 열흘 후에 모두가 온갖 채비를 갖추어서 다시 온대. 내 주인은 앉아서 내 이야기를 듣고 있어. 그러니 그들은 정 붙일 집을 새로 찾아야만 해!"

이 말을 들은 인노켄티는 개한테서 알게 된 모든 사실을 니콜라이에게 이야기했다. 서로 상의를 했다. 다음 날 모든 재산을 챙겨서 다른 곳으로 옮겼다.

열흘 후에 10여 명의 사람들과 함께 대지주의 아들들인 강도들이 쳐들어왔지만 청년들의 집이 텅 비었다는 사실을 알게 되었다. 이미 오래된 그들의 발자국을 따라가지 않기로 하고 집으로 돌아갔다.

이렇게 영리한 개는 주인들을 새로운 곳으로 옮겨 가게 했고 대지주의 아들들은 빈손으로 돌아가게 했다는 이야기다.

오노고스토온 추오카안과 올로온 돌로온

오노고스토온 추오카안과 올로온 돌로온이 살고 있었다. 그들은 매우 친했다. 두 가족은 4킬로미터도 안 되는 가까운 거리에서 살았다.

오노고스토온 추오카안은 기혼이었다.

어느 날 아침 올로온 돌로온이 오노고스토온 추오카안한테 놀러 갔다. 그러자 오노고스토온 추오카안은 음식을 준비해서 그를 대접했다. 옛날 사람들의 음식 잘라 먹는 칼은 길어서 두 뼘 정도나 되었다. 음식을 실컷 먹고 나서 올로온 돌로온은 무릎 싸개에 칼을 문질러 닦으면서 말했다.

"이 나라 사람들에게는 자작나무로 된 침상이 있는데 하라 하라하안의 아들 것이라고 생각하네!"

그러자 오노고스토온 추오카안이 뒤의 침상 쪽으로 다가가서 그 밑을 들여다보았다. 그러자 침상 아래로 기어 들어갔던 하라 하라하안의 아들이 검은담비 털외투를 입고 누워 있었다.

"아이고!"

오노고스토온 추오카안은 이렇게 말하고 그에게 덤벼들어 담비 털외투를 움켜잡았다.

갑자기 싸움이 벌어졌다. 싸움에서 하라 하라하안의 아들은 오노고스토온 추오카안을 이기기 시작했다. 여기서 짓누르고 저기서 짓눌렀다.

"올로온 돌로온, 살려 줘. 날 죽이려고 해!"

오노고스토온 추오카안이 소리쳤다.

올로온 돌로온은 벌떡 일어났다. 그리고 하라 하라하안의 아들 간을 칼로 찔러 그를 죽였다.

오노고스토온 추오카안이 말했다.

"아이고! 네가 사람을 죽였으니 큰일이 났구나. 그냥 나만 살려 낼 수도 있었을 텐데. 이제 하라 하라하안이 우리를 살려 두겠어? 살아남기 위해서는 이제 어디로 숨어야 한단 말이냐?"

올로온 돌로온이 말했다.

"내가 구해 주겠어. 나를 믿고 의지해!"

그들이 죽인 사람은 아궁이 앞에 누워 있었다. 올로온 돌로온은 밧줄로 그의 목을 감아서 등에 지고 그를 아버지 어머니께 끌고 갔다. 밤이라 말을 묶어 두는 말뚝 밑면 옆에 부려 놓았다.

집으로 뛰어 들어갔다.

"어머니, 아버지, 재워 주세요!"

그러자 부모가 말했다.

"에이, 가서 형과 함께 자거라."

이번에는 형이 말했다.

"에이, 이런, 무슨 일이람! 가서 누나들과 자거라!"

누나들이 물었다.

"에이, 가서 여동생과 함께 자거라! 아이참, 이렇게 괴롭히다니! 어디를 다녀온 거야?"

여동생들이 말했다.

"저리 가서 시메흐신 노파와 자거라! 에이, 귀찮아 죽겠네. 잠도 못 자게 하다니!"

올로온 돌로온이 말했다.

"어머니, 아버지. 형들, 누나들. 여동생들아. 아침에 나의 놀라운 외모를 보게 될 거예요!"

집에서 뛰쳐나온 올로온 돌로온은 이스티이반이라는 별명을 가진 어느 유명한 종마를 문 쪽으로 끌고 가서 배를 힘껏 찔러서 죽였다.

이렇게 한 후 그가 죽인 사람을 걸어 둔 말뚝에 함께 걸어놓았다. 죽은 사람의 배에 생긴 구멍에 집에서 가져온 칼을 찔러 넣었다.

아침에 아궁이에 불을 피우고 노파 시메흐신이 뛰어나왔다. 보니 가장 좋은 말뚝에 청년, 그의 하리아자 베르겐이 검은담비 털외투를 입은 채 죽어서 걸려 있었다. 간장의 한

가운데에는 음식 먹을 때 쓰는 칼이 찔려 있었다. 그들의 종마도 역시 매우 끔찍하게 죽은 채 누워 있었다.

노파는 혓바닥을 가슴에 늘어뜨리고 숨이 차서 뛰어 들어갔다. 이 이야기를 듣고 몇몇 사람들은 돌처럼 굳었다. 어떤 사람들은 완전히 벌거벗은 채로, 어떤 사람들은 대충 옷을 걸치고 도망쳤다. 끔찍한 울부짖음과 슬픈 흐느낌으로 온통 시끄러웠다.

"네가 안 재웠잖아. 네가 재워 주지 않았잖아!"

이렇게 그들은 다투었다. 그런 소란은 그 무엇과도 비교할 수 없었다!

그렇게 시끄러운 아침에 올로온 돌로온이 그들에게 놀러 온 것처럼 하고 도착했다.

"에이, 무슨 일로 그렇게 울고 계세요? 무슨 대수롭지 않은 조언이라도 할 수 있을지도 모르잖아요."

"여우 샤먼[33]이 있어요. 그 여우를 데리러 사람을 보내야만 해요."

올로온 돌로온이 조언했다.

"그렇지만 누가 과연 여우 샤먼을 데리러 간단 말이오?"

이렇게 말하고 상의를 하며 속삭였다.

---

33) 여우 샤먼은 야쿠트족 전승에서 자주 부정적인 역할로 등장한다.

올로온 돌로온이 말했다.

"내가 다녀오겠소!"

"그럼 다녀오시오. 무슨 상을 바라오?"

"상으로 하라 하라하안의 재산 절반을 주시오."

"어쩌겠소. 주겠소. 무엇이라도 다 주겠소."

이렇게 말하고 재산의 절반을 나눠서 그에게 주었다.

올로온 돌로온은 여우 샤먼에게 갔다.

"당신을 오라고 부르오."

이 말에 여우 샤먼은 아들인 아홉 마리의 늑대와, 딸인 여덟 마리 새끼 여우에게 먹을 것을 주고는 말을 타고 올로온 돌로온과 함께 갔다.

불 앞에 자리를 놓고 누구 때문에, 무엇 때문에 죽었는지 알아내라고 명했다. 여우 샤먼은 큰 소리로 주문을 외고 지옥으로 내려갔지만 아무 소용도 없었다. 죽음의 이유를 지옥에서 찾을 수는 없었다. 그런 다음 중간세계에서 전쟁의 선조 귀신에까지 이르렀다.

"열린 입을 가진 거무스름한 피부의 우란하예츠[34]여!"

이때 올로온 돌로온은 뛰어가서 불이 든 커다란 가죽 포

34) 야쿠트 민속에서는 야쿠트인들이 자신들을 자주 '우란하예츠'라고 불렀다.

대를 야생 종마의 꼬리에 묶었다. 이렇게 하고는 집으로 들어갔다.

"불이 말을 삼켜 버려요!"

그는 소리치기 시작했다.

모든 사람들이 뛰어나갔다. 올로온 돌로온은 여우 샤먼의 양쪽 골반뼈를 붙잡았다! 그런 다음 광으로 데려가서 거기 놓여 있던 말젖술이 든 커다란 가죽 그릇에 넣었다. 여우 샤먼은 그 말젖술을 들이마시고 그 속에서 죽었다.

이때 사람들이 집으로 들어왔다.

"아이! 우리 여우 샤먼은 어디로 갔지?"

그들은 이렇게 한동안 지껄이다가 말했다.

"말젖술을 흔들어 봐라!"

올로온 돌로온이 뛰어 들어왔다.

"아, 이 나라 사람들은 자작나무로 만든 술 젓는 막대가 있다고 생각했는데 여자로 만든 것인가요?"

이렇게 말하면서 여우 샤먼의 다리를 붙잡아 위로 들어 올렸다가 아래로 내렸다.

"이 사람이 무슨 말을 하는지 좀 보시오!"

사람들이 말했다.

청년들이 광으로 뛰어 들어와서 쳐다보니 그들의 여우 샤먼이 말젖술에 빠져 죽어 누워 있었다.

"아이고, 이런!"

이렇게 울고불고하면서 큰일이 생겼다고 말했다.

"왜 우십니까? 이 일에는 어서 조언을 받아야죠! 쓸데없이 울지 마시오!"

올로온 돌로온이 이렇게 말하고 앉아 자신이 직접 한 눈으로 흘끔 불을 쳐다보았다.

사람들이 말했다.

"무슨 조언이오? 제발 살려 주시오! 우리가 당신의 노력에 대해 섭섭지 않게 보상할 테니!"

올로온 돌로온이 낮은 목소리로 말했다.

"만약 당신의 딸과 재산의 대부분을 준다면 내가 살려 줄 수도 있을 것 같소. 이런, 이 여우 샤먼에게는 아홉 명의 늑대 아들과 여덟 명의 여우 딸이 있었소. 그렇게 쉽게 넘어가진 않을 거요."

사람들이 말했다.

"이것에 대해 속을 끓여야겠소? 짐승들한테 찢어 먹으라고 하면 어떻겠소?"

그래서 여우 샤먼을 끌어내서 겨드랑이 밑에 피 주머니를 두 개 묶었다. 자신의 발뒤축에는 송곳을 두 개 붙였다. 이후에 여우 샤먼을 회색 얼룩 황소의 앞에 태우고 자신은 뒤에 앉아서 여우 샤먼의 집으로 갔다.

이때 새끼들이 뛰어왔다.

"우리 엄마가 왔다. 선물 가지러 가자."

소란을 피우고 소리를 지르면서 다가왔다.

"조용히 해라, 애들아! 아이, 조용히 해! 이것은 아주 겁이 많은 황소란다. 너희 엄마가 피곤해서 돌아왔는데 황소를 놀라게 하는구나!"

올로온 돌로온이 말했다.

새끼들은 듣지 않았고 계속 뛰었다.

말을 묶는 말뚝에 가까이 온 올로온 돌로온은 송곳으로 황소에 박차를 가했다! 흠칫 놀란 황소는 다른 쪽으로 뛰어올랐다. 또다시 그는 송곳으로 박차를 가했고 황소가 또다시 뛰어올랐다.

"애들아, 황소가 엄마와 나를 죽이겠구나."

이렇게 말하고 올로온 돌로온은 등으로 떨어지면서 넘어졌다.

황소에게서 내동댕이쳐진 여우 샤먼은 저쪽으로 날아가서 쾅 하고 떨어졌다. 그러자 피가 든 두 개의 자루가 터져서 여우 샤먼의 얼굴과 눈에 튀었다.

올로온 돌로온은 아픈 척 누워서 욕설을 퍼부었다.

"아이고, 이런 놈들아! 사람 말을 듣지 않더니 너희 어머니를 죽게 만들었구나. 이후에 하도 울어서 너희 눈이 짓무

르게 될 것이다. 내가 놀라게 하지 말라고 말하지 않았더냐? 하지만 내가 좋은 충고를 하겠다. 그렇게 하면 슬퍼하지 않아도 되고 죽지도 않게 될 거다!"

이렇게 말하고 일어나서 황소를 잎갈나무에 묶었다.

"내 뒤를 따라라!"

올로온 돌로온은 아홉 마리 늑대 아들과 여덟 마리 여우 딸들에게 말했다.

그의 뒤를 새끼들이 따라갔다. 그렇게 출발해서 한 호수에 이르자 올로온 돌로온은 얼음 구멍 세 개를 파기 시작했다.

"이런, 슬퍼서 죽겠어요!"

늑대 아들들과 여우 딸들이 통곡을 하면서 울었다.

"잠깐만, 잠깐만, 충고를 얻기 위해서는 조금밖에 안 남았다!"

올로온 돌로온은 이렇게 말하고 얼음 구멍을 마저 팠다.

"자, 얘들아. 이제 여기에 너희 꼬리를 넣어라. 만약 그렇게 한다면 너희의 슬픔이 사라질 것이다!"

올로온 돌로온의 말에 따라 늑대 아들들과 여우 딸들은 앞다투어 꼬리를 얼음 구멍에 집어넣었다. 새끼들은 그렇게 꼬리를 집어넣고 앉아 있었다.

"이런, 죽겠군. 등에 개미들이 기어가고 있어."

이렇게 말하면서 끔찍스럽게 울부짖기 시작했다.

올로온 돌로온이 말했다.

"에이, 기다려라. 조금 아파도 된다. 그런 다음에 슬픔이 곧 사라질 것이니까."

"살려 주세요. 죽겠어요! 우리 꼬리가 얼어 가는 것 같아요. 우리 꼬리를 잘라 주세요, 제발!"

새끼들이 울기 시작했다.

"이런, 조금만 기다려! 내 막대를 봐. 이 막대기로 때려서 잘라 줄게."

올로온 돌로온은 커다란 몽둥이를 보여 주었다.

"어서 빨리요. 죽겠어요. 어서 잘라 주세요! 우리 꼬리가 꽁꽁 얼었어요."

새끼들이 소리치며 울기 시작했다.

"에이, 좋다! 이제 거의 되었다."

올로온 돌로온은 몽둥이로 뒤통수를 때리면서 새끼들을 죽이기 시작했다!

이렇게 한 마리씩 죽이면서 나머지 새끼들에게 말했다.

"봤지. 얼마나 빨리 진정되었는지. 금방 슬픔이 멈췄잖아."

늑대와 여우 중에서 겨우 한 마리씩만 꼬리가 잘린 채 도망쳤다.

그들로부터 늑대와 여우의 선조가 나왔다고 한다. 그래서 그들의 꼬리에는 흰 부분이 생겼다고 전해진다.

올로온 돌로온은 거기서 나와 하라 하라하안한테서 재산의 대부분을 얻어 가지고 그의 딸을 데리고 집으로 갔다. 사람들은 그가 자신들을 살려 주었다고 생각하고 매우 기뻐했다. 그런 끔찍한 계획을 가진 괴물에게 시집을 간 아가씨는 슬프게 울었다.

오노고스토온 추오카안의 재산 절반을 가지게 된 올로온 돌로온은 지금까지도 부유하고 배부르게 살고 있다고 전해진다.

가난한 농부

어느 옛날에 한 농부가 살았는데 먹을 것도 입을 것도 없었다. 한번은 집에서 나와서 발길 닿는 대로 뛰어갔다.

그러다가 한 부유한 가정을 보게 되었다. 그 집 사람들이 문을 열었다 닫았다 하고 있었다.

"체, 체! 문을 닫아라, 들어왔다. 들어왔어."

그 집 주인들이 말했다.

농부는 그 사람들에게 다가가 물었다.

"무엇을 하고 계십니까?"

"우리는 집을 짓고 있습니다. 집에 햇빛이 들어오게 하려는데, 우리 햇빛은 문을 열면 들어오고 닫으면 바로 나가 버립니다."

"그렇게 하지 마세요. 내가 해 볼게요."

농부가 말하고 집을 이리저리 둘러보고 살펴보았다. 그런데 어디에도 창문이 없었다. 그래서 목공 도구를 가지고 집의 네 방향에 창문을 뚫었다.

그러자 그 사람들이 칭찬했다.

"정말로 좋네요."

이 사람은 햇빛을 들어오게 한 사람으로 대접을 받으면

서 그 집에서 며칠간 유숙하면서 쉬었다. 그 집에서 떠나면서 얼마간의 음식을 가지고 또다시 동쪽으로 갔다. 음식이 다 떨어지고 피곤할 때까지 걸어갔다.

그렇게 가고 있는데 갑자기 집이 나타났다. 가서 보니 그 집 사람들은 자기 집의 문들을 열어젖히면서 빈 자루를 내다가 털고 있었다. 농부가 너무나 놀라서 그들에게 다가가서 물었다.

"무엇을 하고 계시는 것입니까?"

"집에 연기가 들어오지 않게 하려고 하고 있습니다. 연기를 이 자루에 모아 담아서 내다가 마당에서 털고 있죠."

농부가 집의 문을 열고 보니 집 안에 아궁이만 있고 페치카도 없고 굴뚝도 없었다.

"아이고, 당신들은 요령을 모르는군요. 페치카라고 불리는 것을 만들어 봅시다."

농부는 야단스럽게 그 사람들에게 페치카 만드는 방법을 알려 주며 페치카를 완성했다. 꽤 그럴싸한 페치카가 되었다. 사람들은 매우 만족스러워했다. 그 집에서 농부는 며칠간 유숙했고 쉬었다.

농부는 떠날 때가 되었다. 그는 보상으로 며칠 동안의 식량만을 취했지 더 이상 아무것도 받지 않았다. 또다시 동쪽으로 걸어갔다. 음식이 다 떨어지고 피곤에 지칠 때까지 농부는 계속 걸어갔다.

그렇게 가다 보니 또다시 앞에 집이 나왔다. 가서 보니 이 집 주인들은 숨 돌릴 틈도 없이 암소들을 우리가 있는 천막 지붕으로 몰아넣으려고 야단법석이었다. 암소들은 천막 지붕으로 올라갈 수가 없었다. 천막의 기울어진 벽에 앞발을 대고 올라가려다 도로 떨어지고 또 떨어졌다.

농부가 물었다.

"왜 암소들을 몰고 가는 거예요?"

"집 지붕에 몰아넣고 여물을 주려는 거예요."

"그냥 밑에서 먹이면 안 되나요?"

"다른 집의 가축들이 와서 여물을 빼앗아 먹어 버릴까 봐 위로 몰아가는 거예요."

"에이, 당신들은 일할 줄 모르시는군요."

농부는 울타리를 치기로 마음먹었다.

"황소를 찾아서 황소에 장대와 말뚝을 실어 오시오."

그의 감독하에 그 집 사람들은 두 개의 나무 울타리를 세웠다. 그들은 이 울타리를 아주 칭찬하면서 농부를 인정해 주었다. 여기서 그는 또다시 며칠을 유숙하고 쉬었다.

농부가 그 사람들을 떠날 때가 왔다. 보상으로 아무것도 받지 않고 얼마간의 음식만을 챙겨서 또다시 쉬지 않고 동쪽으로 걸어갔다. 첫 번째보다 더 많이 걸어왔다고 생각했다. 음식이 다 떨어지고 힘이 다 빠질 때까지 또다시 걸어갔다. 앞에 새로운 집이 보였다. 가서 보니 그 사람들은 창고를 지으려고 하고 있었다. 많은 통나무를 실어 왔다. 꽤나 높은 집이 올라갔다.

그러다가 갑자기 그 사람들이 말했다.

"쳇, 이런!"

그러고는 통나무 한 개를 잡아 늘이고 있었다. 통나무에 기름을 바르고 문질렀다.

농부는 깜짝 놀라서 다가갔다.

"당신들은 왜 통나무를 잡아 늘이고 기름으로 문지르는 거예요?"

"창고를 하나 짓는데 이 통나무가 짧지 뭐예요. 그래서 잡아 늘리는 중이에요."

"아이고, 당신들은 일할 줄 모르시는군요. 내가 보여 줄게요."

농부는 놀라워하며 덧붙였다.

"이 긴 통나무를 다른 것들과 비교해서 짧게 벤 다음에 집을 지으면 되죠."

사람들은 알겠다고 하고 그가 말한 대로 했다. 농부는 직접 보여 주었다. 아주 좋은 집이 완성되었다. 사람들은 그를 매우 칭찬했고 인정해 주었다.

농부는 그 사람들한테서 오랫동안 머물면서 쉬었다. 곧 그 사람들은 농부를 매우 좋아하게 되었고 딸을 그에게 시집보냈다.

이렇게 해서 농부는 그곳에서 가정을 이루었고 부유하고 풍족하게 살았다고 한다.

암소 세 마리와 아내 셋을 가진 노인 테예프 테예프

암소 세 마리와 아내 셋을 가진, 테예프 테예프라는 이름의 노인이 배를 만들며 살았다. 노인은 매일 배를 만드는 일을 했다. 그는 자신의 이름을 세상에서 가장 높게 생각했다.

그래서 '만약에 갑자기 내 이름을 잊어버린다면 큰일이겠군'이라고 생각하고 입술에서 이름을 떼지 않았다.

"테예프 테예프, 테예프 테예프."

이렇게 말하면서 다녔다.

어느 날 배 한 척을 다 만들고 그 배를 물에 띄우려고 떠밀었다.

"테예프 테예프."

이렇게 말하다가 있는 힘을 다해 배를 떠밀면서 "수욱!" 하고 소리쳤다. 그 순간 입에서 떼지 않았던 자기 이름을 잊어버렸다.

그러자 노인은 당황해서 어쩔 줄 몰랐다. 이름을 기억하려면 어떻게 해야 할지 생각을 정리해 보고 담배도 피워 보고 누워도 보고 앉아도 보았지만 아무 생각도 나지 않았고 잊힌 이름을 떠올릴 수가 없었다. 그러자 참을 수가 없어서 노인은 아내들한테 물어보려고 집으로 달려갔다.

"내 아내들아, 내가 너무 괴롭다네. 이름을 잊었지 뭔가. 내 이름이 뭐였지? 내게 말 좀 해 주게."

"우리가 당신 이름을 어떻게 알아요? 당신 스스로 자기 이름이나 별명을 알아야지요."

이렇게 말하면서 아내들은 거절했다.

"여보게, 친구. 큰일 났다네! 어떻게 하면 내 이름을 떠올릴 수 있고 어떻게 찾는단 말인가?"

노인은 자기의 호수에게 돌아가서 이렇게 말했다.

새 배를 만드는 일을 시작해야 했지만 손도 까딱하지 않았고 머릿속은 온통 이름 생각으로 가득 차 있었다. 노인은 마치 새끼를 낳아야 하는 암소처럼 누워서 뒹굴거리다가 일어나서 왔다 갔다 했지만 이름은 결코 떠올릴 수가 없었다.

갑자기 석양이 질 때 동쪽에서 말을 탄 기사가 나타났다. 나그네는 노인에게 재빠르게 다가왔다.

"노인, 왜 그렇게 누워 있는 게요?"

노인이 벌떡 일어났다.

"여보시오, 내 이름을 잊었다오. 그래서 이렇게 괴로워하는 중이오. 먹어도 먹는 것이 아니오, 살아도 사는 것이 아니라오. 무슨 상을 주면 내 이름을 말해 주겠소?"

나그네가 단번에 말했다.

"아내 한 명과 암소 한 마리를 주면 말해 줄 수 있을 텐데요."

노인은 망설이지도 않고 생각도 하지 않았다.

"좋소. 만약 두 아내와 두 마리 암소만 남는다고 해도 나는 살아갈 수 있는 사람이오. 내 이름을 떠올려 주시오."

노인이 말했다.

나그네는 아내 한 명과 암소 한 마리를 얻었다.

"당신 이름은 테예프 테예프요."

나그네가 말했다.

노인은 기뻐서 소리소리 쳤다.

"오, 드디어 내 심장은 진정되었고 얼마나 다행인지! 아내와 암소는 비할 바가 아니오. 이름이 더 중요하오."

노인은 이렇게 말하고 '또 잊으면 어쩌지?'라는 생각에 계속 걸어가면서 "테예프 테예프" 하고 되뇌었다.

어느 날 배 만드는 일을 끝내고 배를 띄우기 위해 끌고 가서 띄우려고 "수욱!" 하고 소리쳤다. 그러면서 또 자기 이름을 잊어버렸다.

"오, 이렇게 불행한 일이 닥쳤구나. 이름을 또 잊어버리다니."

노인은 자신의 이름을 떠올리려고 노력했지만 허사였다. 또다시 이리 뒹굴 저리 뒹굴 하다가 일어나서 서성거렸다.

그런 다음 정신을 차리고 아내들에게 달려갔다.

"여보게들, 또 내 이름을 잊어버렸다네. 어제 그 사람이 나를 어떻게 부르던가?"

"우리가 당신 이름을 어찌 알겠어요? 이름을 가졌다면 당신 스스로가 알겠죠."

"어제까지만 해도 들었는데 불행하게도 잊어버렸다네. 큰일이군. 아내들을 손 좀 봐 줘야겠군."

이렇게 말하고 그는 아내들을 심하게 때렸다.

이 때문에 화가 나서는 호수로 간다면 기억이 되돌아올지도 모른다고 생각하고 호수에 가서 누웠다가 섰다가 했지만 아무 소용이 없었다.

석양이 질 때 동쪽에서 어제 그 사람이 나타났다. 노인은 벌떡 일어나서 자신의 이름을 들을 수 있으리라 생각하고 기뻐하면서 그를 맞으러 갔다. 다른 대화는 필요 없었고 노인은 아직 멀리에서 말했다.

"여보게, 내 이름이 뭐였지? 잊어버렸다네. 안타깝게도 내 바보 같은 아내들도 기억을 못 한다네. 그러니 말 좀 해 주게."

노인이 말했다.

그 사람이 대답했다.

"이름을 불러 드릴 수야 있죠. 만약 아내 한 명과 암소 한 마리만 주신다면 이름을 불러 드리죠."

"잠깐만. 어제 자네가 가져갔잖아. 그 보상을 받았으니 어서 말해 주게."

"아니에요. 어제 보상은 어제 대답에 대한 것이지요. 오늘 영감님 이름을 알고 싶으시면 새로 보상을 해 주셔야죠."

노인이 잠시 생각했다.

'이름이 없다면 생고생을 하게 될 게 분명해. 아내 한 명과 암소 한 마리만 갖고도 살아갈 수는 있잖아.'

노인은 암소 한 마리와 아내 한 명을 내주었다.

그 사람은 떠날 채비를 하면서 말했다.

"영감님 이름은 테에프 테에프예요."

노인은 너무 기뻐서 펄쩍 뛰었다.

"아이고, 내 이름이 얼마나 좋은지! 내 심장은 진정되었고 정말 다행이다!"

그는 기뻐서 호수로 뛰어가서 바로 배 두 척을 만들었다. '아침에 띄워야지'라고 생각했다. "테에프 테에프, 테에프 테에프"라고 말하면서 집으로 가서 배불리 먹고 잠이 들었다.

아침에 잠이 깨어 누워서 자기 이름을 중얼거렸다. 그리고 배불리 먹고 호수에 가서 어제 저녁에 준비한 배를 띄우려고 밀다가 "수욱!" 하고 말하고 말았다. 그리고 자기 이름을 잊어버렸다. 당황해서 어쩔 줄 몰랐다.

분해서 배한테 말했다.

“너희를 물에 띄우려고 내 귀한 이름을 잊어버렸구나.”

그는 배 두 척을 도끼로 부숴 버리고 아내한테 달려갔다.

“아이고, 부인. 또 내 이름을 잊어버렸다오. 어제 당신도 그 나그네가 나를 어떻게 부르는지 들었지?”

“당신 이름이나 별명이 뭔지 내가 알고 있다고요?”

“바로 어제 들은 이름을 잊었단 말이오? 이런 일이 다 있다니! 아무 일도 없는 사람은 기억을 하기 마련인데.”

이렇게 말하고 아내를 심하게 때렸다.

이 일로 화가 나서 노인은 호숫가로 가서 누웠다 일어났다 하면서 계속 기억을 해 보려고 했다. 풀을 뜯었다가 흙을 팠다가 했지만 아무 소용이 없었고 귀한 이름은 결코 떠올릴 수가 없었다.

석양이 질 때 또다시 어제의 그 사람이 걸어오고 있었다. 노인은 멀리서 알아보고 뛰어갔다.

“여보게, 나 좀 살려 주게. 말 좀 해 주게! 괴로워서 죽을 지경이네! 내 이름이 뭐였나?”

“만약 아내 한 명과 암소 한 마리를 주신다면 말씀해 드리죠.”

잠시 생각하고 노인은 말했다.

"좋네. 아내와 암소 없이도 배를 만들면서 살면 되지. 계속해서 내 이름을 잊어버리니 어쩌지?"

노인은 마지막 남은 아내와 마지막 암소를 내주었다.

그 사람은 떠나기 전에 이렇게 말했다.

"영감님 이름은 테예프 테예프예요."

노인은 기뻐서 펄쩍 뛰었다. 호수로 뛰어가서 배를 만들기 시작했다. 어느새 배 몇 척을 만들었다.

아침에 일어나서 배를 물에 띄우려고 "수욱!" 하고 소리쳤더니 또다시 자기 이름을 잊어버리고 말았다!

그러나 그에게 이름을 말해 주던 그 사람이 이번에는 오지 않았다. 보상으로 받을 것이 아무것도 남아 있지 않았기 때문이다.

노인은 아무리 해도 자기 이름을 떠올릴 수가 없었고 일어났다가 누웠다가 이리저리 뒹굴뒹굴했다. 결국 음식도 다 떨어져서 굶어 죽고 말았다.

영리한 처녀

아주 오래전에 한 노인이 아들과 함께 살고 있었다. 아내는 오래전에 죽었다. 그의 아들은 영리하지는 않았지만 기민하고 용감하고 힘센 사람이었다.

어느 날 노인은 아들을 집에 두고 그가 살던 강을 따라 아래로 갔다. 도중에 사람들을 만났다. 그들의 원추형 천막은 언덕에 세워져 있었다. 사슴을 타고 가던 노인은 서둘러서 천막으로 들어갔다. 거기에는 한 노인이 딸과 함께 살고 있었다. 어머니는 죽고 없었다. 천막으로 들어가 장갑과 모자를 벗었다.

"안녕하시오, 주인장!"

"안녕하시오, 나그네! 무슨 새 소식이라도 있소?"

"뭐 특별한 것은 없다오."

이렇게 말하고 문 앞의 상석에 앉았다.

앉아서 그는 곁눈질로 왼쪽에 앉아 있는 처녀를 흘끔 보면서 속으로 생각했다. '오! 비 온 후에 빛나는 태양을 닮았구나. 그토록 아름답구나! 그런데 우리 아들처럼 어리석으면 어쩌지?'

이때 그에게 처녀를 시험해 볼 좋은 생각이 떠올랐다.

처녀가 일어나서 음식을 준비하기 시작했다. 고기를 썰어서 끓였다. 그리고 접시에 올려 가져와서 노인 앞에 놓았다.

노인이 말했다.

"처녀, 내 접시에 몇 국자나 부었소?"

"몇 국자를 부었는지는 모르겠어요. 만약 영감님께서 집에서 여기까지 오시면서 사슴이 몇 걸음이나 걸어오게 했는지 말씀해 주신다면 대답을 해 드릴 수 있을 것 같아요."

노인은 '영리한 처녀군'이라고 생각했다.

다음 날 노인은 자기 아들 예르베흐테이 베르겐을 데리고 와서 말했다.

"자, 늙은이들인 우리가 아이들을 결혼시키면 어떻겠소?"

노인들, 처녀의 아버지와 어머니는[35] 잠시 생각한 후 동의하고는 먼 친척들한테로 옮겨 갔다. 노인과 아들 예르베흐테이 베르겐과 영리한 처녀는 함께 오랫동안 살았다.

어느 날 노인이 아들 예르베흐테이 베르겐과 함께 사냥을 떠났다. 청년의 아내가 된 영리한 처녀만 남았다. 강 아

---

35) 앞서 처녀의 어머니는 죽고 없다고 했지만 여기서 등장한다. 원전에도 그러한데 구전문학을 채록하면서 흔히 등장하는 오류다.

래로 내려가면서 노인은 날 때부터 원수였던 다른 부족 사람들을 만났다. 그들은 노인을 붙잡아서 휘어진 잎갈나무에 묶고 삼발이 아래에 불을 지폈다. 연기로 질식시키기로 한 것이었다.

노인이 애원했다.

"내가 말하는 것 좀 들어 보시오."

사람들이 동의했다.

노인이 말을 하기 시작했다.

"우리 집에는 내 외동아들이 남아 있다오. 내 아들에게 이 말을 전해 주시오. '나는 솔방울이 구르듯이 녹초가 되었고 어린잎들과 싸우고 있다.' 또 이렇게 말해 주시오. 내 아들이 내 말을 들으면 북쪽으로 곧게 뻗어 있는 자작나무 두 그루에서 맨 꼭대기를 베라고 하시오. 그런 다음 서쪽을 곧바로 바라보면 셀 수 없이 많은 나무가 있는 소나무 숲이 보일 거라고 하시오. 이 나무 모두에서 꼭대기를 잘라 내게 가져오라고 하시오. 만약 내 아들이 나무를 어떻게 베는지 모른다고 하면 내 침상 아래에 놓인 하얀 돌이 그를 도와줄 것이라고 하시오. 만약 내 말을 이해할 수 없다면 그의 베개 밑에 놓인 날카로운 칼이 도와줄 것이라고 전해 주시오."

용사들은 논의하기 시작했다.

그들의 우두머리가 말했다.

"어서 빨리 이 말을 청년에게 전해라!"

그들은 용사 둘을 노인의 집으로 보냈다.

하지만 청년은 없고 그의 아내가 앉아 있었다. 용사들은 물었다.

"자, 노인의 아들은 어디에 있소?"

"이런, 지금은 없어요. 조금만 기다리세요. 올 거예요!"

용사들은 그렇게 하기로 했다. 곧 청년이 뛰어 들어왔다.

"오, 네 아버지가 너에게 소식을 전하라고 우리를 보냈다. 들어라!"

그리고 노인의 부탁을 아들에게 전부 전했다.

그러자 아들의 아내가 말했다.

"'네 베개 밑의 날카로운 칼' 또는 너의 지혜는 나일 거예요. 여보, 주의 깊게 들어요! '나는 솔방울들이 구르듯이 녹초가 되었고 어린잎들과 싸우고 있다'는 말은 적들이 아버님을 낙엽송에 묶었다는 뜻이에요. '내 말을 듣고 북쪽으로 곧게 뻗은 자작나무 두 그루에서 꼭대기를 베라'는 말은 당신이 이 두 용사의 머리를 베야만 한다는 뜻이에요. '그런 다음 서쪽을 곧바로 쳐다보면 수없이 많은 나무가 있는 소나무 숲이 있을 거고 그 나무들의 꼭대기를 모두 베라'는 말은 이 용사들의 부대를 모두 죽여야만 한다는 뜻이에요. '만약 어떻게 베는 줄 모르면 내 침상 아래에 하얀 돌이 있을 거고 그 돌이 도와줄 것이다'라는 말은 아버님의 날카로운 장도를 뜻하는 것이에요. '만약 내 말의 의미를 이해하지 못한다면 네 베개 밑에 놓인 날카로운 장도가 도와줄 것이다'라는 말은 저를 뜻하는 거예요."

청년이 말했다.

"좋소. 모두 알겠소!"

아들은 자기 아버지의 침상 아래서 날카로운 장도를 들어서 두 용사의 머리를 베고 가서 그 부족의 군사들을 모두 죽이고 나무에서 아버지를 풀어 주었다. 자기 아버지를 구할 때까지 그는 아직 죽지 않고 있었다.

이렇게 영리한 며느리의 도움으로 노인은 목숨을 구했다고 한다.

투툼 튜요케이

옛날에 한 농민이 세 아들과 함께 살고 있었다.

어느 날 노쇠해서 죽을병을 앓던 노인은 갑자기 세 아들에게 이렇게 유언을 했다.

"자, 내 자식들아. 만약 너희가 내 자식이라면 이웃에 사는 바아이 하라 하안에게 가서 부탁만은, 제발 부탁만은 하지 말거라."

이렇게 유언을 하고 노인은 꽤 오랫동안 더 병상에 있다가 죽었다.

아버지가 죽은 후에 세 아들은 상당히 오랫동안 살다가 거의 굶어 죽게 되자 음식을 얻어 오라고 형 하리스 튜요케이를 바아이 하라 하안에게 보냈다.

하리스 튜요케이가 갔을 때 바아이 하라 하안은 말했다.

"오, 내 친구 하리스 튜요케이가 온 것인가? 자, 하녀들아, 힘줄 없는 비계, 피 없는 뱃살 비계를 끓여라!"

하인들은 눈 깜짝할 사이에 힘줄 없는 비계, 피 없는 뱃살 비계를 끓여서 내놓았다.

바아이 하라 하안은 말했다.

"자, 만약 나의 개 하라 하사르가 먼저 먹는다면 하라 하사르가 먹으라고 두겠다. 만약 하리스 튜요케이가 먼저 먹는다면 하리스 튜요케이가 먹으라고 두겠다."

이렇게 말하고 식탁에서 음식을 던졌다. 하리스 튜요케이가 달려들었지만 개가 가만 내버려 두지 않았다. 결국 개가 집어서 모두 먹어 치웠다.

그러자 바아이 하라 하안은 말했다.

"여보게, 꼴깍꼴깍하는 것을 마시겠나, 줄줄 흐르는 것을 마시겠나?"

이 말에 청년은 말했다.

"꼴깍꼴깍하는 것을 마시겠습니다."

노인이 말했다.

"자, 얼음이 든 냉수를 가져와서 주어라!"

얼음이 든 냉수를 가져다주었다. 청년이 마셨다.

그런 다음 노인은 청년에게 말했다.

"여보게, 펼쳐진 곳에 눕겠나, 접힌 곳에 눕겠나?"

하리스 튜요케이는 말했다.

"펼쳐진 곳에 누울게요."

"그러면 장작가리에 가서 눕게나."

노인은 하리스 튜요케이에게 빳빳해진 말가죽 한 영과 빳빳해진 송아지 가죽 한 영을 가져와서 주었다. 그리고 말했다.

"새벽에 시메흐신 노파와 함께 일어나서 마당의 눈을 치우게나."

"알겠습니다."

"'아이고'라고 먼저 말하는 사람을 다른 사람이 죽여야 하는데 삽으로 등을 찍어야만 하네."

"알겠습니다."

사람들이 모두 잠들었다. 하리스 튜요케이가 누워 있는데 갑자기 시메흐신 노파가 말했다.

"자, 어서 마당을 치우러 가자!"

어쩔 수 없이 불쌍한 청년은 마지못해 일어나서 눈을 치우러 나갔다.

청년은 눈을 치우기 시작했고 '아이고!'라고 말하고 멈췄다. 시메흐신 노파는 뛰어와서 삽으로 그의 등을 찍어 죽이고 채소밭 너머에 던져 버린 후 집으로 갔다.

형 하리스 튜요케이가 오기를 하염없이 기다렸지만 오지 않자 슈욤 튜요케이가 무슨 일이 일어난 것인지 알아보고 음식도 얻을 겸 해서 떠났다.

청년이 도착하자 바아이 하라 하안 노인은 말했다.

"오, 내 친구 슈욤 튜요케이가 왔는가? 하녀들아, 힘줄 없는 비계와 피 없는 뱃살 기름을 끓여라!"

하녀들이 눈 깜짝할 사이에 끓여서 식탁에 내와서 차려

놓았다.

"자, 나의 개 하라 하사르가 먼저 먹는다면 먹게 내버려 두고, 슈욤 튜요케이가 먼저 먹는다면 슈욤 튜요케이가 먹게 내버려 두겠다."

노인이 말하고 식탁에서 비계를 집어 던졌는데 개가 모두 먹어 치워 버렸다.

청년은 또다시 아무것도 먹지 못했다. 꽤 많은 시간이 흐른 뒤에 노인이 말했다.

"꼴깍꼴깍 넘어가는 것을 마시겠나, 줄줄 흐르는 것을 마시겠나?"

청년이 대답했다.

"꼴깍꼴깍 넘어가는 것을 마실게요."

"자, 얼음이 든 냉수를 가져다주어라."

노인이 말했다.

얼음이 든 냉수를 가져다주었고 청년은 마셨다. 그런 다음 노인은 말했다.

"내일 아침 이른 새벽에 나와서 시메흐신 노파와 함께 마당에서 눈을 치우게. 먼저 '아이고'라고 말하는 사람을 다른 사람이 죽여야만 하네. 그때까지 펼쳐진 곳에서 잠을 잘 텐가, 접힌 곳에서 잠을 잘 텐가?"

"펼쳐진 곳에서 잠을 잘게요."

"그러면 자네 형이 전에 누워 잤던 장작더미 위에서 자게나."

노인이 그곳을 가리키면서 말했다.

청년이 눕자마자 시메흐신 노파가 갑자기 말했다.

"자, 눈을 치우러 가자!"

청년은 어쩔 수 없이 나갔다. 눈을 치우다가 '아이고' 하고 멈췄다. 시메흐신 노파가 달려와서 삽으로 그의 허리를 찍어 죽였고 그를 채소밭 너머에 던져 버리고는 집으로 갔다.

동생 투툼 튜요케이는 계속 형제들을 기다리려고 하다가 자기가 직접 가야겠다고 결정했다. 자루에 돌을 넣어 가지고 떠났다. 바아이 하라 하안에게 도착해서 안으로 들어갔다. 노인이 말했다.

"오, 내 친구 투툼 튜요케이가 왔는가? 자, 힘줄 없는 비계, 피가 없는 뱃살 기름을 끓여라."

눈 깜짝할 사이에 전처럼 피가 없는 뱃살 기름, 힘줄 없는 비계가 나왔다.

"오, 나의 개 하라 하사르가 먼저 먹는다면 하라 하사르가 먹게 두고, 내 친구 투툼 튜요케이가 먼저 먹는다면 먹게 두겠다!"

이렇게 말하고 식탁에서 비계를 던졌다.

개가 음식으로 달려들었을 때 투툼 투요케이는 자루에 들었던 돌로 개의 머리를 때려 죽였다. 그리고 음식을 모두 먹었다.

노인이 말했다.

"소중한 내 개를 죽였구나. 자, 꼴깍꼴깍 넘어가는 것을 마시겠느냐, 줄줄 흐르는 것을 마시겠느냐?"

"줄줄 흐르는 것을 마실게요."

"가서 통에 담긴 기름을 가져오너라."

청년은 기름을 마셨다. 그 후 잠잘 시간이 되었을 때 저녁에 노인이 말했다.

"자, 펼쳐진 곳에 누울 텐가, 접힌 곳에 누울 텐가?"

"접힌 곳에 누울게요."

"침상에 가서 누워라."

"알겠습니다."

"내일 아침에 시메흐신 노파와 함께 마당에서 눈을 치워라. 먼저 '아이고'라고 말한 사람을 다른 사람이 삽으로 허리를 찍어서 죽여야만 한다."

투툼 튜요케이는 '아마도 그렇게 우리 형들을 죽였나 보구나'라고 생각했다. 잠잘 시간이 되었고 모두가 잠들었다. 청년은 잠시 누웠다가, 불을 끄기 시작하는 저녁, 어둠이 내리는 속에서 시메흐신 노파를 깨우며 말했다.

"자, 눈을 치우러 갑시다!"

시메흐신은 일어나서 무엇을 좀 먹으려고 했지만 청년은 먹을 것을 주지 않았다.

"노인이 눈을 치우라고 명했어요!"

그들은 나가서 아주 오랫동안 눈을 치웠고 시메흐신 노파가 '아이고!'라고 말하면서 털썩 주저앉았다. 오, 청년이 꾸물거릴 사람이던가? 곧바로 달려가서 삽으로 머리를 때려 죽이고 들어가서 '시메흐신 노파를 죽였다'고 알렸다. 이 말에 노인이 말했다.

"소중한 노파였는데! 자, 가서 귀 높이까지 구멍을 파라!"

오, 청년은 나가서 순식간에 사라졌다. 그러더니 곧 들어와서 '팠다'고 말했다.

"이런! 어떻게 그렇게 빨리 팔 수가 있어? 가서 봐야겠다!"

노인이 나가서 보니 눈만 막 치워 놓았고 땅을 판 것은 보이지 않았다.

"판 곳은 어디냐?"

청년은 땅에 엎드려서 귀를 땅에 대었다.

"에이, 땅을 귀 높이까지 파라고 하지 않았느냐? 귀가 들어갈 정도로만 땅을 팠구나."

"에이, 둘이서 땅을 파야 되겠구나."

그리고 둘이서 땅을 파서 시메흐신 노파를 매장했다. 그 후에 바아이 하라 하안은 도망을 치기로 결심했고 모든 채비를 마쳤다. 노인은 도망치려고 하면서 자신의 모든 재산과 부를 남겨 두고 투툼 튜요케이에게 짐을 실으라고 명령했다. 투툼 튜요케이는 싣는 척하면서 어깨에 걸치는 자루에 자신이 직접 기어 들어갔다.

노인은 허둥지둥 말에 타고 동쪽으로 출발했다. 달리고 달려서 멀어진 후에 이렇게 말했다.

"에휴! 투툼 튜요케이한테서 겨우 벗어났구나!"

그러자 사람 목소리가 들렸다.

"에휴! 투툼 튜요케이한테서 겨우 벗어났구나!"

"에휴! 오른쪽 귀에 숨어 있는 건가?"

노인은 이렇게 말하고 자기의 귀를 잘라 버렸다!

한참을 간 후에 또다시 이렇게 말했다.

"에휴! 투툼 튜요케이한테서 겨우 벗어났구나!"

그러자 또다시 사람 목소리가 들렸다.

"에휴! 투툼 튜요케이한테서 겨우 벗어났구나!"

세 번째로 또다시 한참을 간 후에 노인이 이렇게 말했다.

"에휴! 투툼 튜요케이한테서 겨우 벗어났구나!"

그러자 또다시 사람 목소리가 들렸다.

"에휴! 투툼 튜요케이한테서 겨우 벗어났구나!"

그러자 노인은 자기 목을 잘라 버리고 죽었다.

투툼 튜요케이는 바아이 하라 하안의 재산을 가지고 그의 땅에서 살기 시작했다고 한다.

고대 용사와 전투에 대한 이야기

노인들은 동쪽 오호츠크 해 근처에 언젠가 한 야쿠트족이 살았다고 이야기한다. 적대적이었던 종족들이 공격해서 종족 전체를 절멸했다. 오직 오모고이 바아이 용사만 살아남았다. 아내와 두 딸, 일꾼 두 명과 함께 그는 북쪽으로 도망쳤다.

당시 남쪽, 바이칼 호수 근처에는 다른 야쿠트 종족이 살고 있었고 우란하이라고 불렸던 독립된 국가가 생겼다. 우란하이 왕은 80세까지 살아남은 노인을 모두 죽이라고 명령했다.

에르 소고토흐 엘레이라는 이름의 한 우란하이족 사람이 명령에 복종하지 않고 여든 살 먹은 자기 아버지를 숨겼다. 아버지를 자루에 넣어서 3년을 숨겼던 것이다. 이웃 종족이 우란하이 국가를 공격했을 때 선견지명이 있는 노인은 아들에게 이렇게 말했다.

"에르 소고토흐 엘레이, 레나라고 불리는 커다란 강이 흐르는 북쪽으로 가자!"

도망자들은 오랫동안 걸어서 갔다. 레나라는 큰 강이 보였을 때 에르 소고토흐 엘레이의 아버지는 죽었다. 죽기 전에 노인은 아들에게 강물의 흐름을 따라 밑으로, 북쪽으로 내려가라고 말했다. 거기서 엘레이는 오모고이 바아이 용사를 만나서 그의 딸을 아내로 맞을 운명이었던 것이다.

에르 소고토흐 엘레이는 뗏목을 만들어 레나 강을 따라 항해해 내려갔다. 긴 항해 후에 강변에 정박한 후 피곤에 지쳐 잠이 들었다. 자는 동안 그에게 오모고이 바아이의 일꾼 청년들이 다가왔다. 청년들은 그를 깨워서 어디서 온 누구냐고 물었다. 잠에 취해 아무것도 분별을 못 하고 에르 엘레이는 소리쳤다.

"적군이다!"

그는 그 자리에서 청년 두 명을 죽였다. 그리고 다리를 잡고 그들의 몸을 끌어서 물에 던져 버렸다.

일꾼 청년들을 기다리지 못하고 그들을 찾으러 오모고이 바아이 용사가 나섰다. 그들의 흔적을 따라 가다 보니 엘레이가 정박한 곳으로 이어졌다. 강변 모래 위에 몸통이 끌린 자국들이 나 있었다. 그 흔적들은 말보다 더 큰 소리로 사라진 청년들이 어디로 간 것인지를 말해 주고 있었다.

오모고이 바아이가 물었다.

"너는 누구며, 왜 내 일꾼들을 죽였고 왜 물속에 던져 버렸느냐?"

이 말에 에르 엘레이가 말했다.

"나는 불안에 휩싸인 겁이 많은 사람입니다. 청년들이 잠을 자고 있는 나를 깜짝 놀라게 했습니다. 그래서 분간을 못 하고 '적군'인 줄 알고 실수로 그들을 죽인 것입니다."

이 말에 오모고이 바아이가 말했다.

"나도 역시 도망자다. 만약 고의가 아니고 실수로 죽였다면 밖으로 나와서 우리 집에서 살아라."

3년을 에르 엘레이는 오모고이의 집에서 일꾼으로 살았다. 오모고이는 열심히 일한 대가로 사랑하는 맏딸, 아름다운 추오낙타이를 보상으로 정해 주었다. 에르 엘레이는 그녀를 원하지 않았다. 그는 사랑받지 못하는 작은딸, 시파이를 달라고 했다. 노인들은 이 때문에 화가 났다. 에르 엘레이에게 사랑하지 않는 작은딸 시파이를 시집보냈고 젊은이들에게 새끼 밴 암소 한 마리와 암말 한 마리를 주어서 자기 집에서 내보냈다.

강의 다른 쪽에서 엘레이는 주인으로 살아가기 시작했다. 가축은 재빨리 번식했고 새끼들은 죽지 않고 재산이 늘어났다. 그는 가축 떼의 수를 알지 못할 정도였고, 사냥을 하고 짐승을 잡았고, 오모고이 바아이의 사람들이 그에게로 옮겨 갔다.

어느 봄날 부자가 된 엘레이는 수많은 다양한 나무 잔을 만들어서 말총으로 그 밑부분을 둘러쌌다. 그의 행복한 아내 추녀 시파이는 가죽 포대에 말젖술을 준비했다. 평평한 마당은 깨끗하게 비질이 되어 있었다. 푸른 자작나무 숲은 길게 펼쳐져 있었다. 모깃불을 피웠다. 먼 이웃과 가까운 이웃들을 불렀다. 오모고이도 왔다. 이것은 세상에서 첫 번째 이시마흐[36](봄 축제)였다.

봄 축제가 끝난 후에 오모고이 바아이는 사위 에르 엘레이에게 자기 재산의 반을 나눠 주었다. 사랑하는 맏딸 아름다운 추오낙타이는 동생을 질투해서 목을 매어 죽었고 사람들 중 첫 번째로 유요르[37]로 변했다.

에르 엘레이는 자유롭게 잘 살았다. 긴 복이 그를 버리지 않았고 풍요로운 부유함이 측량할 수 없는 행복과 함께 계속되었다. 가축 떼의 입김이 하염없이 뿜어져 나왔고, 가축 떼한테서 해와 달을 가릴 수 있을 만큼의 먼지가 안개처럼 피어올랐다. 그는 이틀 동안 야쿠츠크부터 빌류이스크까지 길을 낼 정도로 지칠 줄 모르는 사람이었다. 길 중간, 오르토수우트라는 곳에서 밤을 샜는데 그곳은 발라간나흐스카

---

36) 봄 축제로 암말들이 새끼를 낳은 후에 선한 귀신들을 위해 말젖술 붓기를 행하며 여러 가지 춤, 놀이 등을 벌인다.

37) 죽은 사람들, 특히 자살한 사람의 영혼으로, 여러 가지 질병과 불행을 가져오는 악귀다.

야 역에서 약 15킬로미터 떨어진 곳이었다.

아홉 명의 아내로부터 아홉 명의 힘센 아들이 태어났다. 티긴은 그들을 거의 모두 죽였다. 그들에게서 나쁜 사람이 나올까 봐 두려워했다. 그의 명예를 시기하지 않도록 하기 위해서였다.

티긴의 아들들은 이렇다.

무오스 틸리랴야흐 – 그의 몸은 매머드의 뼈로 되어 있었다. 무오스 틸리랴야흐가 일곱 살이 되었을 때 그는 집에서 사라지기 시작했고 며칠이 지나도 돌아오지 않았다. 아버지 티긴은 어느 날 그의 뒤를 따라가서 20킬로미터 떨어진 산에서 자고 있는 것을 발견했다. 집으로 돌아온 티긴은 무오스 틸리랴야흐의 어머니에게 아들의 약점이 어디인지 캐물었다. 생명의 위협을 받게 되자 여자는 무오스 틸리랴야흐의 겨드랑이 밑에만 살점이고 나머지는 모두 매머드 뼈라고 실토했다. 그러자 티긴은 아들의 겨드랑이를 창으로 찔러서 죽였다.

티긴의 또 다른 아들은 타아스 울루가흐인데 별명이 카멘니 파트키[38]였다. 그가 달리면 땅이 진동했는데 티긴이 그를 죽였을 때 발뒤축에서 커다란 돌 두 개를 꺼냈다.

---

38) '돌로 된 발뒤축'이란 뜻이다.

또 한 명의 아들 우올루스한은 털로 덮인 심장을 가지고 있었다. 아버지 티긴이 그를 죽였고 나머지 아들도 그렇게 죽였다.

어느 날 티긴은 바닷가에 하라 우올이라는 이름의 위대한 용사가 살고 있다는 소리를 들었고 그를 죽이러 자기 아들 찰라이와 함께 떠났다. 그들이 도착했을 때 집에는 하라 우올의 어머니만 있었다. 나그네들을 맞이하면서 그녀는 이렇게 말했다.

"내 아들을 만나면 좋은 일이 없을 거요. 그는 사람들을 싫어한다오."

"만약 그가 그런 사람이라면 내일 아침에 그를 함께 만나 봅시다."

그 사람들은 이렇게 말하고 호수의 다른 편에 천막을 치고 밤을 새웠다.

저녁에 보니 거인이 겨드랑이 밑에 사슴을 끼고 오고 있었는데 때때로 마치 나뭇가지처럼 그 사슴을 흔들었다. 티긴과 아들 찰라이는 깜짝 놀라서 도망치기 시작했다. 하라 우올이 그들을 따라잡자 그들은 자비를 베풀라고 빌기 시작했다. 마치 나쁜 의도 없이 왔던 것처럼 거인을 설득했다. 티긴은 그의 명성을 알고 하라 우올에게 아름다운 자기 딸을 아내로 삼으라고 제안하고 싶었다고 말했다. 하라 우올은 동의하고 티긴의 딸들 중 한 명을 데려갔다. 그녀는 하라우올에게 아홉 명의 힘센 아들을 낳아 주었다.

어느 날 빌류이스크에서 명예로운 용사 테르겐 초르굴이 와서 티긴의 집 근처를 돌아다니기 시작했다. 티긴 왕은 불길한 일을 의심해서 자신의 사위 찰다니를 나그네에게 보냈다. 찰다니는 힘이 세기로 유명했다. 그의 활은 아무도 들어 올릴 수가 없었고 그가 이를 잡으려고 배를 굶적일 때 곁에 있던 사람들은 그의 사슴 외투 아래에 철 몸통이 있는 것을 보았다고 한다.

티긴의 말에 따라서 찰다니는 테르겐 초르굴에게 가서 물었다.

"당신은 누구요? 아마도 나쁜 일을 꾸미는 부랑자겠지."

이 말에 테르겐 초르굴이 말했다.

"나는 보잘것없는 도망자일 뿐이오."

그리고 아무런 저항도 하지 않고 티긴에게로 갔다. 티긴이 그에게 물었다.

"너는 무슨 능력이 있느냐? 싸울 줄을 아느냐? 달리기 시합을 할 줄 아느냐? 아니면 화살을 명중시킬 줄 아느냐?"

이 말에 테르겐 초르굴이 겸손하게 말했다.

"저에겐 그런 능력이 없습니다."

그러자 티긴이 말했다.

"그러면 황소의 이마에 활을 쏘아서 철 화살촉이 없는 화살이 두개골을 뚫어 통과해 나오도록 할 수 있겠느냐?"

"한번 해 보겠습니다."

테르겐 초르굴이 말했다.

그리고 철 화살촉이 없는 나무 화살로 황소의 머리를 꿰뚫었다.

"훌륭한 솜씨구나."

티긴이 말했다.

"내 사위 찰다니와 함께 들꿩을 사냥하러 가라. 너희 중 누가 더 잘하는지 보겠다!"

그들이 떠났다. 들꿩을 멀리서 알아보고 테르겐 초르굴이 어디로 활을 쏘아야 하는지 물었다. 들꿩의 눈인지 목인지, 아니면 부리 끝을 쏘아야 하는지. 찰다니가 가리키는 대로 매번 테르겐 초르굴은 활을 쏘았다. 집으로 돌아와서 찰다니는 티긴에게 말했다.

"나쁜 사람이에요. 위험한 사람이 우리를 발견했어요. 어떻게든 벗어나야만 해요."

티긴은 또다시 손님을 자기 집으로 불렀다.

"친구여, 어디서 살고 있는지 말해 보게."

"새처럼 어디서나 살지요. 둥지도 없습니다요."

"여보게, 자네는 외로움을 좋아하나 보군. 나는 자네를 붙들고 있기가 안타깝군. 우리 집에 있었던 기념으로 내 말을 가져가게."

티긴 왕은 이렇게 교활하게 말했다.

그 말에 테르겐 초르굴은 말했다.

"내게 말이 무슨 필요가 있겠습니까? 저는 심지어 말을 어떻게 타는지도 모릅니다. 만약 너그러움을 보여 주시려면 저를 더 배불리 먹게 해 주십시오!"

"내 친구에게 가장 살진 말을 잡아 구워 주어라. 그리고 유명한 말젖술을 한 통 가져오너라."

티긴 왕은 기뻐서 이렇게 명령했다.

그런 대접을 받은 후에 테르겐 초르굴은 빌류이스크로 돌아와서 빌류이스크 야쿠트족의 선조가 되었다.

티긴의 사위 찰다니의 아들들이 성장했을 때 티긴에게 러시아인 몇 명이 와서 '황소 가죽'만 한 땅을 팔라고 요청했다. 티긴은 비웃으면서 그들에게 황소 가죽으로 덮을 수 있는 조그만 땅덩이를 내주라고 명령했다. 가죽을 가는 띠로 자른 다음 러시아인들은 이 올가미로 대지의 커다란 공간을 휘감아 둘러싸고 거기에 나무로 된 요새를 세웠다.

그러자 야쿠트인들은 러시아인들의 교활함을 보고 공포를 느꼈다. 티긴에게는 퉁구스족 부인이 있었고 그 아내는 세 아들을 낳았다. 그들은 러시아인들에게 활을 쏘기 시작했다. 그렇게 전쟁이 시작되었다.

러시아인들에 의해 포위당해 내몰린 티긴의 세 아들과 찰다니의 아홉 아들은 도망쳤다. 티긴과 찰다니만 남게 되었다. 러시아인들은 그들을 죽였다.

티긴의 한쪽 눈은 12킬로그램이나 나갔다고 한다. 러시아인들은 그 눈을 자신의 황제에게 보냈다. 이 눈을 보고 러시아 황제는 그런 용사를 죽였다고 슬퍼했다. 그를 죽였을 때 한쪽에는 긴 칼을 든 군인이 있었고 가운데에서는 장군-현지사[39]가 직접 와 있었다. 니르바간 호숫가에서 티긴이 소리쳤을 때 그의 목소리는 3킬로미터 너머 건너편 호숫가까지 들렸다. 티긴 왕은 그렇게 명예로운 야쿠트족의 지도자며 용사였다.

찰다니의 아들들은 아홉 개의 호린족 선조가 되었다. 퉁구스 아내에게서 난 티긴의 세 아들은 뉴르바로 갔다. 그들 중의 첫째 아들은 마르힌스키 종족의 페르비 보르돈스키 마을의 선조가 되었다. 둘째 아들은 타르타이스키 마을의 선조가 되었고 셋째 아들은 오몰론스키 마을의 선조가 되었다. 페르비 오몰돈 오몰론스키 마을의 선조에게는 60세가 될 때까지 자식이 없었고 샤먼이 강한 주술을 한 후에야 아

39) 러시아제국 시대의 행정구역인 현의 지사를 말한다.

들을 낳았다. 보르돈스키 마을의 선조는 시엘랴야흐 예슈르게라는 별명을 가지고 있었다. 머리카락이 안 나고 말총이 자랐기 때문이었다. 그의 아들 슐랴는 밀고를 당해서 러시아인 지방 장관들로부터 야쿠츠크로 호출되었다. 그들은 슐라의 다리를 나무에 거꾸로 매달아서 고문하려고 했다. 그렇지만 그는 거기서 떨어져서 치명상을 입었다.

슐랴에게는 일곱 아들이 있었다. 그들 중 막둥이 오노호는 키가 3미터 50센티미터를 넘었다. 슐랴가 야쿠츠크에서 죽었을 때 아들 오노호는 열여덟 살이었다. 그는 형제들에게 아버지의 유골을 구해 오자고 제안했지만 형제들은 모두 두려워했다. 그러자 오노호는 야쿠츠크로 혼자 떠났다. 당시 야쿠츠크에 있던 러시아 장관은 아주 냉혹했다. 사람들한테서 아버지의 시체가 어디에 있는지를 알아내고 오노호는 무덤을 파기 시작했다. 그러자 러시아 장관은 불같이 화를 내면서 그를 잡아 오라고 명령했다. 오노호는 러시아인들이 그를 잡으러 왔을 때 모닥불 옆에서 몸을 녹이고 있었다. 오노호는 모닥불을 뛰어넘어 자신의 화살통과 화살을 집어 들었다. 러시아인들은 깜짝 놀라서 뒤로 물러났다. 오노호는 아버지의 뼈를 자루에 모아서 뉴르바로 가져가서 멘게 호숫가에 매장했다.

당시 뉴르바에는 잘 알려진 야쿠트인 데임세라는 용사

가 살고 있었다. 그에게는 아홉 명의 형제가 있었다. 그들은 오노호를 싸움에 불러냈다. 오노호는 형제들을 소집했다.

"내가 어떻게 죽는지 보고 싶은 사람은 함께 갑시다."

형제들 중 단 한 명만 나왔다. 오노호는 그 형을 자기로부터 20미터쯤 떨어진 거리에 세워 두고 조준해서 화살을 쏘았다. 화살은 심장에 명중했고 형은 죽어서 쓰러졌다.

"아닙니다. 저런 사람은 저와 함께 전투에 나가서는 안 됩니다."

오노호는 말했다.

그리고 다시 형제들을 부르기 시작했다.

"형님들 중 내가 어떻게 죽어 가는지 보고 싶은 사람은 누구십니까?"

형제들 중 단 한 명도 나서지 않았다. 그러자 열두 살짜리 소년 한 명이 도전했다. 오노호는 그를 자신으로부터 20미터 거리에 세워 두고 조준해서 활을 쏘았다. 소년은 능숙하게 몸을 피했고 화살은 옆으로 비껴갔다.

"바로 이런 사람이 나와 함께 전투에 나갈 수 있습니다."

오노호는 말했다. 그는 소년에게 길들여지지 않은 말을 주었고 자신은 자기의 준마를 탔다. 그들은 함께 싸우러 나갔다.

아침에 그들은 데임세의 집에 도착했다. 길들여지지 않

은 말은 깜짝 놀라서 펄쩍 뛰었고 소년은 땅으로 떨어졌다. 데임세의 사람들은 수많은 화살을 쏘아서 그를 죽였다. 그러자 오노호는 혼자서 일곱 명을 쓰러뜨렸고 데임세의 일곱 형제들을 그 혼자서 절멸했다. 데임세와 그의 형제 예르게데이만 살아남았다. 그들은 도망쳤다. 오노호는 기뻐서 소리소리 지르며 한 발로 펄쩍펄쩍 뛰기 시작했다.

죽은 일곱 형제 아내들의 울음소리와 곡소리가 40미터 밖에서도 들렸다.

해 설

야쿠트족 설화

이 책에는 21편의 야쿠트족 설화가 번역되어 실려 있다. 그 중에서 동물담으로 분류할 수 있는 설화가 7편으로 '곰과 여우', '오리와 검독수리', '누가 일출을 처음으로 보는가', '수말과 황소', '테옐레이 할멈', '늑대와 노인', '영리한 개' 등이다. 한국의 의견(義犬) 설화에 해당하는 신의(信義) 있는 동물에 대한 이야기, 동물들 간의 지략 다툼이나 지혜 겨루기, 동물이 사람을 꾀로 골탕 먹이는 이야기가 주로 등장한다. 그러나 한국의 설화 '나그네와 여우'와 소재와 주제가 유사한 '늑대와 노인'처럼 늑대를 구해 준 노인이 오히려 자신을 잡아먹으려는 늑대를 여우의 꾀로 물리치고 여우까지 죽이고 잘 살아간다는 설화도 있다.

마법담으로 구분할 수 있는 설화는 8편인데, '차아차하안 차아차하안'. '타알 타알 노파', '리이바라', '니이이 니이이 할멈', '춉쵸요쿄욘 춉쵸요쿄욘', '다섯 마리 암소를 가진 베이베리케엔 할멈', '슬라브니 유데유이엔', '자야치 흐보스트' 등이다. 다른 동물로 변신하는 등의 마법의 힘이나, 신기한 마법의 힘을 가진 도구를 이용하여 어려움을 물리치고 부를 획득하거나 배우자를 얻는 내용이 많아서 영웅담으로도 분류할 수 있는 설화도 있다. 또한 다른 세계에 갔다가 마법의 힘으로 다시 이 세상으로 돌아오는 내용의 설화도 등장한다.

영웅담은 2편으로 '오노고스토온 추오카안과 올로온 돌로온'과 '투툼 튜요케이'다. 주인공 이름이 제목이 된 설화들인데, '오노고스토온 추오카안과 올로온 돌로온'은 올로온 돌로온이 부유하지만 심술궂은 이웃이 낸 여러 가지 과제를 해결하고 그의 딸과 결혼하는 내용이다. '투툼 튜요케이'는 한국의 말자 성공 설화와 유사한 내용으로 셋째인 투툼 튜요케이가 두 형을 죽인 이웃을 찾아가 그를 물리치고 그의 재산을 차지한다는 줄거리다.

일상담은 3편이 실려 있다. '가난한 농부', '암소 세 마리와 아내 셋을 가진 노인 테예프 테예프', '영리한 처녀'다. 이 중에서 '암소 세 마리와 아내 세 명을 가진 노인 테예프 테예프'는 자기 이름을 자꾸 잊어버려 발생하는 사건들을 그린 설화로 우리나라의 건망증 설화와 유사하다는 점이 흥미롭다. '가난한 농부'와 '영리한 처녀'는 지혜담으로도 분류할 수 있는 설화로 가난한 농부가 영특한 지혜로 어려움을 물리치고 부를 차지한다는 내용과, 영리한 처녀가 결혼 후에 적들에게 붙잡힌 시아버지를 죽음에서 구해 낸다는 내용이다.

전설은 '고대 용사와 전투에 대한 이야기'라는 제목의 1편이 실려 있는데, 야쿠트족의 선조 이야기를 다룬 것으로 야쿠트족 용사의 용맹함과 담대함에 대한 인물 전설이다.

야쿠트족의 유래

야쿠트족의 기원에 관해서는 여러 가지 설이 있다. 그중에서 본래 바이칼 서부에 살았던 튀르크계 종족이라는 설이 설득력을 가진다. 그곳에서 몽골계 부랴트족과 이웃해 살다가 몽골족의 침입 이후에 동북쪽으로 이동해 가서 현재의 사하 공화국 지역에 정착했다는 것이다. 그러나 야쿠트족이 시베리아 삼림지대의 남쪽에 있는 초원지대에서 왔음이 분명해 보이지만, 언제, 그리고 왜 그런 일이 벌어졌는지에 대한 근거 있는 설명은 아직 부재하다.

한편 어휘와 문법에서 튀르크어에 속하는 야쿠트어는 퉁구스어와 몽골어 양쪽의 영향을 모두 받았음을 보여 준다. 야쿠트족은 19세기까지 동시베리아에서 가장 강성한 민족이었기 때문에 극동 시베리아 지역의 다양한 민족들 간의 교류를 주도했다. 그래서 야쿠트족의 문화와 삶 속에는 부랴트족, 몽골족, 예벤족, 예벤키족, 축치족과 코랴크족 등 다양한 민족의 요소들이 결합되어 있다. 야쿠트족은 투바족이나 알타이족 등 여타 투르크계 민족과 같이 곰을 신성시하며, 투바인처럼 곰을 '할아버지'라고 부른다.

야쿠트족은 크게 북(北)야쿠트인과 남(南)야쿠트인으로 구분된다. 북야쿠트인은 주로 사냥, 낚시, 순록 치기를 주업으로 삼고, 남야쿠트인은 소나 말을 기른다. 이와 같은 구분은 야쿠트 민족 설화에 잘 드러나 있다.

야쿠트족을 부르는 명칭은 '사하'와 '야쿠트'다. 원래 이곳의 원주민들은 자신들을 '사하'라는 명칭으로 불렀는데 17세기 러시아인과 접촉이 이루어지면서 '야쿠트'라는 말이 새로 생겨났다. 퉁구스족이 그들을 예케트(Yeket)라고 부르는 소리를 듣고 러시아인들이 따라 부른 것이 러시아어로 야쿠트가 되었다는 것이다.

이 외에도 야쿠트어로 '용감한 무사'를 뜻하는 '우라안하이(ypaaнхай)'라는 이름으로 자신들을 칭하기도 한다. 이 명칭은 순록을 뜻하는 퉁구스어 오론(орон)에서 유래했다. 원주민들은 자신들의 옛 명칭인 '사하'라고 부르는 것을 선호했기에 1991년 공화국의 명칭도 '야쿠트 소비에트 사회

주의 자치 공화국(Якутская Автономная Социалистичес-кая Советская Республика)'에서 '사하 공화국[Республика Саха(Якутия)]'으로 바꾸어 사용하고 있다.

사하 공화국은 러시아 연방 영토의 1/5을 차지하며 3개의 시간대가 존재할 정도로 넓다. 사하 공화국은 북극권의 동토대에 위치해 있어서 겨울에는 기온이 영하 60도까지 내려가지만 여름에는 영상 40도까지 올라가서 연평균 기온차가 무려 100도나 되는 혹독한 자연조건을 가지고 있다. 그래서 러시아 제국 시대에 이곳은 유형지로 유명했다. 많은 정치범과 형사범이 이곳에서 긴 유형 생활을 보냈다.

야쿠트족의 종교와 풍습

현재 야쿠트족의 종교는 정령 숭배, 샤머니즘, 러시아 정교가 혼합되어 있는 경향을 보인다. 그러나 제임스 포사이스(James Forsyth)가 지은 ≪시베리아 원주민의 역사≫에 보면 과거 야쿠트족의 종교의식이 잘 묘사되어 있다. 즉, 야쿠트족에게는 종교의식을 집행하는 샤먼이 있었는데, 이들의 의복, 북, 관습 등은 퉁구스족과 매우 유사했다. 그러나 퉁구스족과 달리 야쿠트족은 자연현상 어디에나 편재해 있는 정령들을 믿었을 뿐만 아니라, 그 정점에 '최고 수장'인 울루-토욘(Uluu-toyon)이 자리 잡고 있는, 신이란 신은 모두 믿었다. 이런 점에서 이들은 알타이-사얀 지역의 튀르크족과의 연관성을 보여 주고 있다. 야쿠트족은 또한 다른 시베리아 종족들과 마찬가지로 야생동물들, 특히 곰, 독수리, 까마귀 등을 숭배했다. 그리고 기마 민족인 이들은 '윗세상', 즉 천계(天界)의 영(靈)들에게 말을 희생물로 바쳤다. 야쿠트족이 토욘이라 부르는 씨족장들은 상당한 권력을 행사했으며, 세습이나 선출을 통하여 샤먼의 축복을 받아 그 자리에 올랐다.

야쿠트족의 풍습에서 가장 특징적인 것은 1년에 두 번, 겨울과 여름에 신년을 맞이한다는 사실이다. 여름에 맞이하는 신년이 '이시아흐(Ысыах)' 축제다. 야쿠트인은 혹한의 겨울을 견뎌 내며 따뜻한 여름을 고대하게 되는데, 오랜 겨울을 끝내고 본격적인 여름이 시작되는 6월에 큰 축제를 열어 건강과 안녕을 기원하는 것이다. 이시아흐는 태양신을 숭배하고 풍요를 기원하는 관습과 관련이 있다. 이런 하절기 축제의 기원은 중앙아시아의 스텝 지역에서 시작되었다. 당시 야쿠트 민족은 가축과 짐을 싸 들고 끝없는 스텝 지역을 떠돌았다. 그래서 야쿠트 민족의 축제는 튀르크 계통의 투바족, 알타이족, 타타르족, 바시키르족의 하절기 축제와 공통점이 있다. 이시아흐 축제는 6월 말에 열리고 이 날을 새해로 삼았다. 의식이 끝나고 나면 축제 참가자들이 모두 모여 둥글게 원을 그리며 '오수오하이(Осуохай)'라는 춤을 춘다. 이때 한 사람이 선창하면 나머지 사람들이 노래를 이어 부른다.

야쿠트족의 의식주

야쿠트족은 겨울에는 두꺼운 외투를 입고, 목이 긴 장화를 신고, 머리 전체를 덮는 털모자를 썼다. 겨울 외투로는 주로 순록 가죽으로 만든 한 겹 혹은 두 겹의 두꺼운 옷을 입었다. 추위를 막을 목적이었다. 별다른 장식을 하지 않는 단순한 남성용 외투와 달리 여성용 외투에는 가죽을 조각내어 무늬를 만들거나 은, 실 등으로 장식을 하여 입는다. 그뿐만 아니라 야쿠트족 여성은 한겨울에도 외투 밖에 은으로 만든 장신구를 착용하여 멋을 내기도 한다.

야쿠트족은 목이 긴 '운티(унты)'라는 장화를 신는데 신발 윗부분에는 다양한 모양의 수를 놓아 장식한다. 신발의 소재로는 말이나 순록의 털과 가죽이 사용된다. 털모자는 머리와 귀를 완전히 덮어 얼굴만 보일 정도로 크게 만든다.

털모자도 신발과 마찬가지로 말이나 순록의 털로 만든다.

야쿠트족의 전통 음식 중 가장 유명한 것은 '스트로가니나(строганина)'다. 스트로가니나는 레나 강 등지에서 잡은 송어, 연어를 얼린 것을 말한다. 사하 공화국의 추운 겨울 날씨에서 갓 잡아 올린 생선은 물 밖으로 나오자마자 그대로 얼어 버리는데 야쿠트인은 이렇게 통째로 언 생선을 날것으로 먹는다. 생선 꼬리 부분을 잡고 직각으로 세운 후에 꼬리부터 칼로 썰면 생선 살이 동그랗게 말려 나오는데, 이것을 소금에 찍어 먹는다.

야쿠트인에게는 추위를 견디기 위해 지방 섭취가 필수적이라고 볼 수 있다. 그래서 말이나 순록의 비계를 날것으로 먹기도 한다. 야쿠트인의 유제품으로는 가축으로 키우는 말과 순록유를 들 수 있다. 순록유는 우유보다 지방이 풍부하고, 단백질도 흡수가 잘되고, 맛이 더 고소하다.

야쿠트족의 전통 가옥은 겨울용과 여름용으로 나뉜다. 겨울에는 흙을 바른 통나무집에서 살고, 여름에는 다른 유목 민족들과 마찬가지로 '우라사(ураса)'라고 불리는 원추형 천막에서 살았다. 그리고 이 가옥 주위에는 가축우리와 곡식을 보관하는 장소도 따로 마련했다.

야쿠트족의 삶에서 말과 순록은 빼놓을 수 없다. 야쿠트족의 말은 언뜻 보기에 제주도의 조랑말과 외모가 매우 비

슷하다. 야쿠트 말은 털이 많고, 조랑말처럼 키가 작고, 커다란 머리와 짧고 굵은 다리를 가지고 있다. 그리고 겨울에는 털이 빽빽하게 자라며 피부가 매우 두꺼워서 체온 유지에 도움이 된다. 한겨울에도 축사 없이 야외에서 생활할 수 있을 정도로 추위에 강하고, 눈 속에 묻혀 있는 풀이나 식물을 뜯어 먹고 산다. 여름철 먹을 것이 풍부할 때 축적해 둔 지방으로 몸집을 키워 식량이 부족한 겨울에 에너지원으로 사용한다.

순록은 매우 순하고 참을성이 많으며 시베리아 겨울의 혹한에도 잘 견딘다. 영하 60도의 혹독한 시베리아 겨울 날씨에도 밖에서 선 채로 잔다. 야쿠트족의 말과 마찬가지로 눈 속에 묻혀 있는 풀을 먹는데, 풀 밑동까지 전부 다 먹는 것이 아니라 끝부분만 먹어서 먹이가 끊이지 않게 하는 지혜로운 습관을 가지고 있다.

야쿠트족 말과 순록의 털과 가죽은 방한용 의복의 재료로 사용되어 야쿠트인이 추운 겨울을 이기는 데 필수품이다. 순록의 가죽은 말가죽처럼 야쿠트인의 의복을 만드는 데 사용되는데 말가죽보다 훨씬 좋은 최상의 품질을 자랑한다. 순록 발목 털가죽으로 만든 겨울 신발 운티는 사하의 혹한에서도 견딜 수 있는 최고의 방한화다. 이와 더불어 순록 가죽으로 만든 털모자, 외투, 장갑은 최고의 방한복이다.

이처럼 말과 순록은 이동 수단, 식재료, 방한복 소재로 사용되어 야쿠트족 삶의 필수 요소이기에 각종 설화나 영웅 이야기에 빠지지 않고 나타나는 중요한 등장인물이다.

러시아인이 잘못 부른 이름에서 유래한 '야쿠트'라는 말 대신에 '사하'라는 명칭으로 불리길 원하는 이 민족의 설화 중에는 한국의 설화와 유사한 것들이 많다. 또한 한민족의 북방기원설을 뒷받침해 주는 근거로 들 수 있는 유사한 풍습도 많은 것이 사실이다. 이번에 발간되는 '사하'족의 설화가 그리스 로마 신화나 북유럽의 설화들에 조금은 식상해 있는 한국 독자들에게 멀고 먼 시베리아 오지로 떠나는 상상의 나래를 펼칠 수 있게 도와주길 기대해 본다.

옮 긴 이 에 대 해

김은희는 한국외국어대학교 노어과와 동 대학원을 졸업하고 모스크바 국립대학교에서 알렉산드르 솔제니친에 대한 연구로 러시아 문학박사 학위를 취득했다. 현재 한국외국어대학교에 출강 중이며, 러시아 문화와 문학에 대한 글들을 발표하고 있다.

저서로는 ≪그림으로 읽는 러시아≫(이담북스, 2014), ≪러시아 명화 속 문학을 말하다≫(이담북스, 2010), 공저로 ≪나는 현대 러시아 작가다≫(경희대 출판사, 2012), ≪내가 사랑한 세상의 모든 음식≫(이숲, 2010) 등이 있으며, 역서로는 ≪현대 러시아문학과 포스트모더니즘≫ 제1권, 제2권(아카넷, 2014), ≪북아시아 설화집 1(부랴트족)≫(이담북스, 2015), ≪겨울 떡갈나무≫(한겨레아이들, 2013), ≪금발의 장모≫(지만지, 2013), ≪나기빈 단편집≫(지만지, 2009) 등이 있다. 또한 주요 논문으로는 < <에고> 에 나타난 서술형식과 솔제니친의 역사인식>, <≪소네츠카≫의 서사구조와 고전의 귀환> 등이 있다.

시베리아 설화집 전체 작품 목록

한국에 처음 소개되는 시베리아 설화다. 시베리아와 극동 제 민족의 설화를 연구하는 연구자들뿐만 아니라 평소에 시베리아의 신화, 전설, 민담에 관심을 가진 독자들에게 유용할 것이다. 총 43개 부족의 1017편 이야기다.

야쿠트인 이야기

곰과 여우
오리와 검독수리
누가 일출을 처음으로 보는가
수말과 황소
차아차하안 차아차하안
타알 타알 노파
리이바라
니이이 니이이 할멈
춥츄요쿄욘 춥츄요쿄욘
다섯 마리 암소를 가진 베이베리케옌 할멈
슬라브니 유데유이옌
자야치 흐보스트
테옐레이 할멈
늑대와 노인
영리한 개
오노고스토온 추오카안과 올로온 돌로온
가난한 농부
암소 세 마리와 아내 셋을 가진 노인 테예프 테예프
영리한 처녀
투툼 튜요케이
고대 용사와 전투에 대한 이야기

예벤키인 이야기

빼꾸기
백조와 까마귀
멧닭과 백조
곰과 붕어
여우와 모캐
여우 훌랸
은혜 갚은 곰
토끼 자매
식테흐 신겔튠
개가 털옷을 입게 된 사연
자작나무에서 태어난 소녀
지하세계에 간 남자 1
지하세계에 간 남자 2
차르치칸
천상세계에 갔다 온 남자
토끼를 속인 할아버지
소년과 까마귀
백조에게 아들을 빼앗긴 아버지
똥에 빠져 죽은 할아버지 할머니
예벤키 남자와 뱀
치나나이
아카라모와 이불 형제
슬기로운 청년
두 형제
모험을 찾아 떠난 청년
비켈리디운
료하
움나
우차나이
헤누키찬
불화의 언덕
예벤키 사람들이 순록을 키우게 된 이유
세 형제 무사
어린 무사
우냐니와 코렌도
옙카찬
무춘노이와 보르콜툰 형제
식토불
나라불
누르고불
누르가울
초로
소두 소르돈초 솔다니
킬리디나칸
중간세계의 우무스닌댜
차갈라이 차쿨라이
무사 볼론투르
하니 후분과 호호르 보그도
온기닐
우리얀과 몰리나
오란
디긴
어느 노부부의 오만방자한 아들
난쟁이 무사
캅탄디르
만기 됴롬고
유라키 사람들
식인 출루그디
난드리와 털보

토팔라르인 이야기

케트인 이야기

예네츠인 이야기

느가나산인 이야기

네네츠인 이야기

에스키모인 이야기

아이누인 이야기

닙흐인 이야기

축치인 이야기

코랴크인 이야기

케레크인 이야기

우데게이인 이야기

나나이인 이야기

오로크인 이야기

알류토르인 이야기

오로치인 이야기

이텔멘인 이야기

네기달인 이야기

예벤인 이야기

울치인 이야기

부랴트인 이야기

만시인 이야기

한티인 이야기

투바인 이야기

하카스인 이야기

짐승 마아니의 아이들
오래된 옛날이야기

텔렌기트인 이야기

비야 강과 카툰 강
카투 야리크(무서운 장소)
알미스-암염소
알미스에게서 태어난 아기
아부움 포오옴(아버지 어머니)
낙타 이름으로 불리는 골짜기
푸른 황소
사냥꾼과 알미스
곰
소를 훔친 도둑과 호랑이

첼칸인 이야기

황금 도끼
고아
키셀레크와 파를라나크
탁 툭 지팡이
토끼와 담비
바보 청년
텔베엔이 하늘로 올라간 이야기
황금 등자
날다람쥐
콜로복
세 아들
황금 수탉
고아 청년과 다람쥐
고양이
할아버지와 부자
자작나무 그릇

쿠만딘인 이야기

사냥꾼의 전설 1
사냥꾼의 전설 2
사냥꾼의 전설 3
사냥꾼의 전설 4
오온 강과 쿠그 강
개와 고양이
킬리슈 칸
델베겐
툰구스
할아버지와 고양이
엄마와 딸
델베겐과 마시파라크
부자가 된 쿠지마
자신을 모르는 너구리
바보 이반
마시파라크
카라 몬기스
아이 코크 처녀
뱀과 노인
세 아들
세 형제

투발라르인 이야기

알틴 콜과 알틴 투우(황금 호수와 황금 산)
카라티 칸
노인과 노파
반카와 그리시카
세 형제
오스큐스 오올로크
아크 표스 쿠우르친
오스큐스 우울
꾀 많은 여우
농부 파시파라크

나가이바크인 이야기

고양이가 식사 후 몸을 닦게 된 사연
아즈라킬의 장난
어느 집시 여인의 예언

바시키르인 이야기

에렌세 세센 이야기
투라칸, 야네바칸 그리고 에렌세 세센
하탐타이

쇼르인 이야기

안치 아비시카와 카라 몰라트
지주와 사냥꾼
사랑이 깊은 쿠
마법 모자
탐욕스런 농부
학과 까마귀
젊은 사냥꾼과 표범
프카
철의 산 테미르 타우
차기스

코미인 이야기

야즈바 강 이야기
수지야 강 신화
이오마와 두 명의 아가씨
무사 페랴
다리가 여덟인 개
페라는 어디로 갔을까?
루피예 강에 사는 페라와 미쟈
페라와 자란
사냥꾼 예파를 가르친 여우

텔레우트인 이야기

알타이 쿠우추니 이야기
케르 사갈 가의 형제

야쿠트인 이야기

작자 미상
옮긴이 김은희
펴낸이 박영률

초판 1쇄 펴낸날 2017년 2월 25일

지식을만드는지식
03991 서울시 마포구 월드컵북로 46 청원빌딩 3층
전화 (02) 7474 001, 팩스 (02) 736 5047
출판등록 2007년 8월 17일 제313-2007-000166호
전자우편 zmanz@eeel.net 홈페이지 www.zmanz.kr

ZMANZ
3F. Chungwon Bldg., 46, World Cup buk-ro,
Mapo-gu, Seoul 03991, Korea
phone 82 2 7474 001, fax 82 2 736 5047
e-mail zmanz@eeel.net homepage www.zmanz.kr

ISBN 979-11-304-7478-6
979-11-304-7479-3(큰글씨책)
979-11-304-7480-9(PDF전자책)
책값은 뒤표지에 있습니다.